できたね！シール

つかい方

学しゅうした　ページ番ごうの　シールを
「でき……」に　はって　いきましょう。

国語

①3ページ　②4ページ　③5ページ　④6ページ　⑤7ページ　⑥8ページ　⑦9…　⑧10ページ

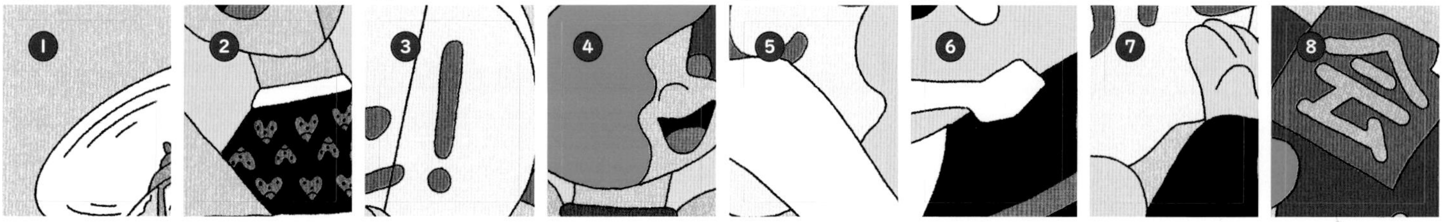

⑨11ページ　⑩12ページ　⑪13ページ　⑫14ページ　⑬15ページ　⑭16ページ　⑮17ページ　⑯18ページ

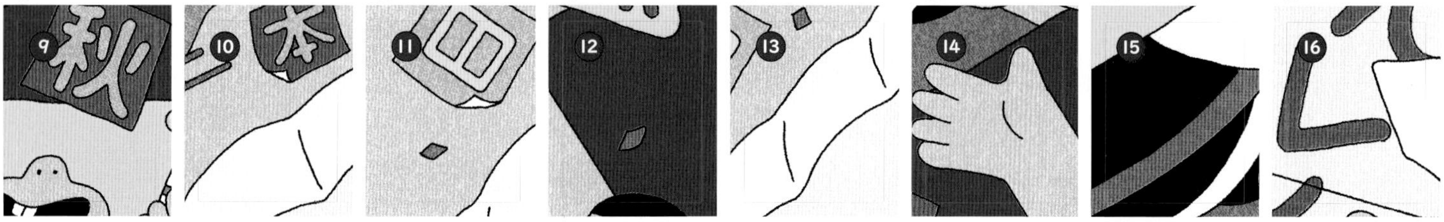

⑰19ページ　⑱20ページ　⑲21ページ　⑳22ページ　㉑23ページ　㉒24ページ　㉓25ページ　㉔26ページ

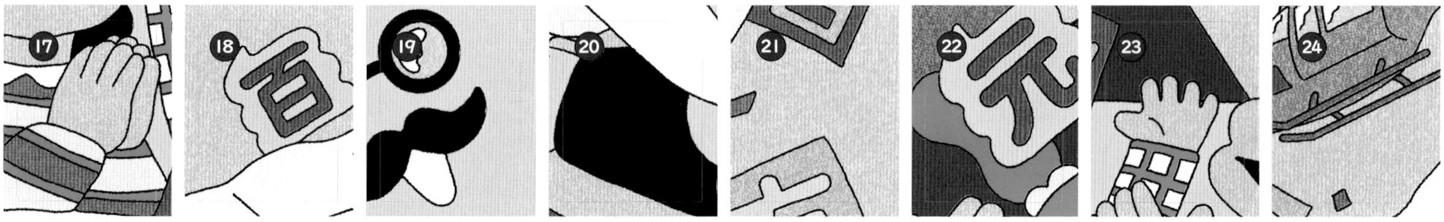

㉕27ページ　㉖28ページ　㉗29ページ　㉘30ページ　㉙31ページ　㉚32ページ

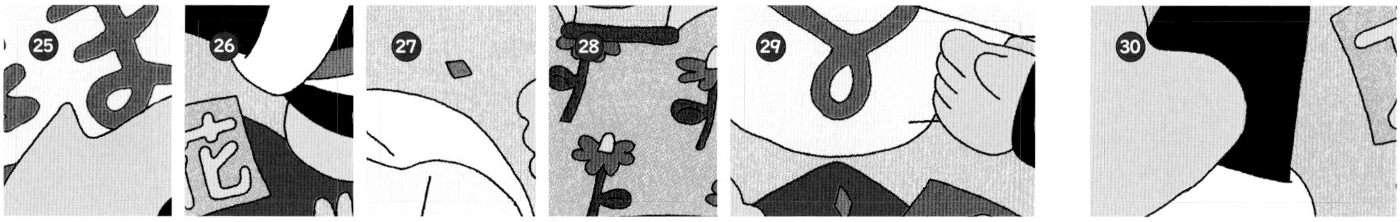

算数

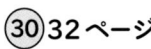

①33ページ　②34ページ　③35ページ　④36ページ　⑤37ページ　⑥38ページ　⑦39ページ　⑧40ページ

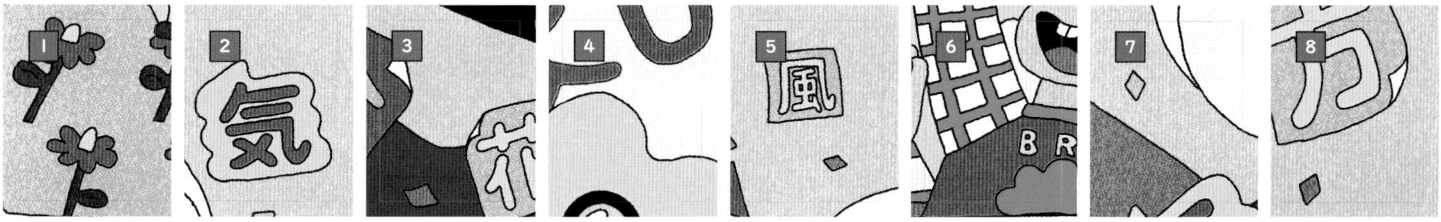

⑨41ページ　⑩42ページ　⑪43ページ　⑫44ページ　⑬45ページ　⑭46ページ　⑮47ページ　⑯48ページ

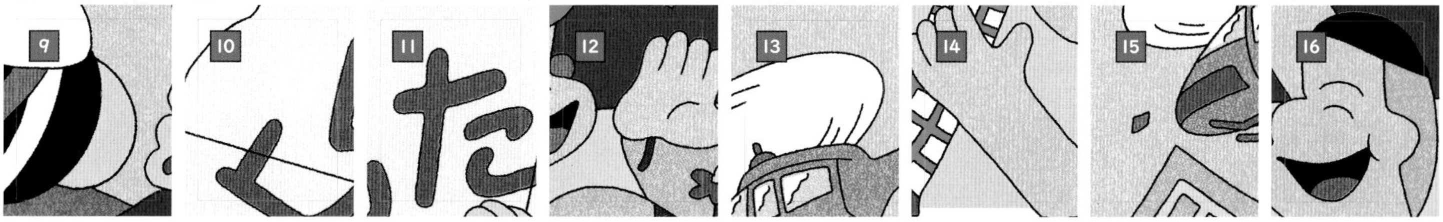

できたね！シール

つかい方
学しゅうした　ページ番ごうの　シールを
「できたね！ボード」に　はって　いきましょう。

算数

⑰49ページ
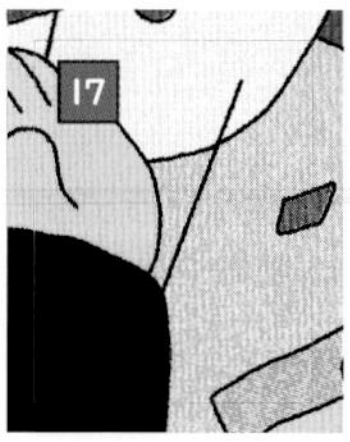

⑱50ページ
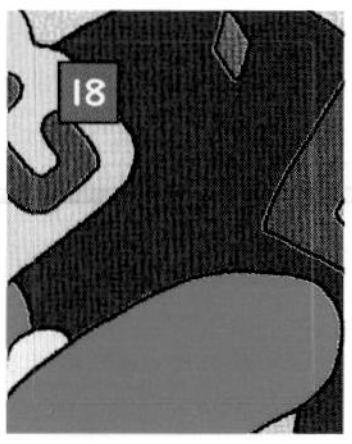

⑲51ページ
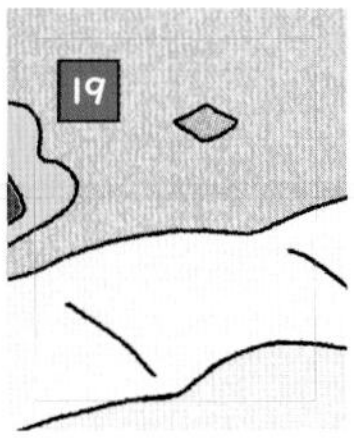

⑳52ページ

㉑53ページ
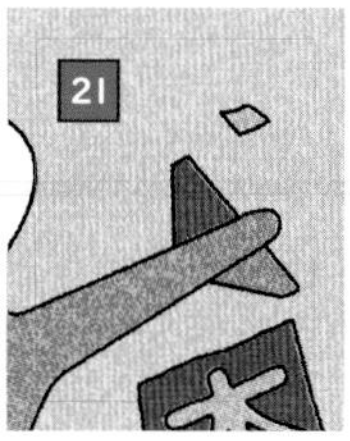

㉒54ページ
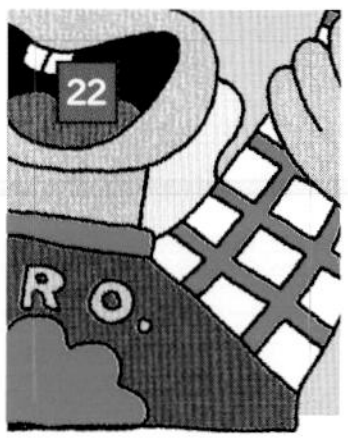

㉓55ページ
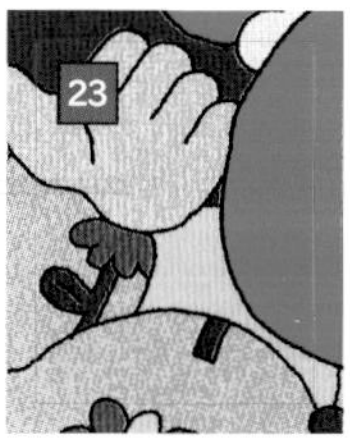

㉔56ページ
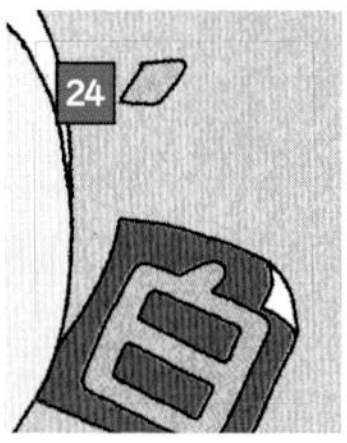

㉕57ページ
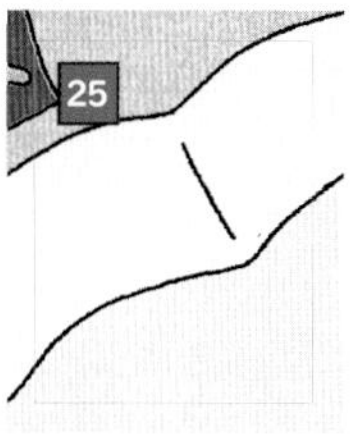

㉖58ページ

㉗59ページ
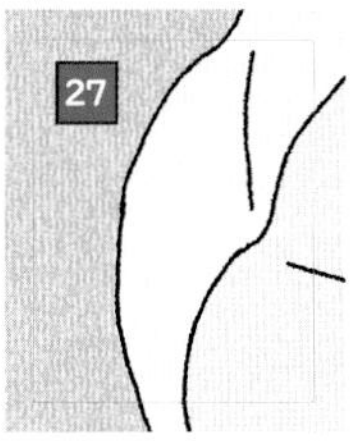

㉘60ページ

㉙61ページ
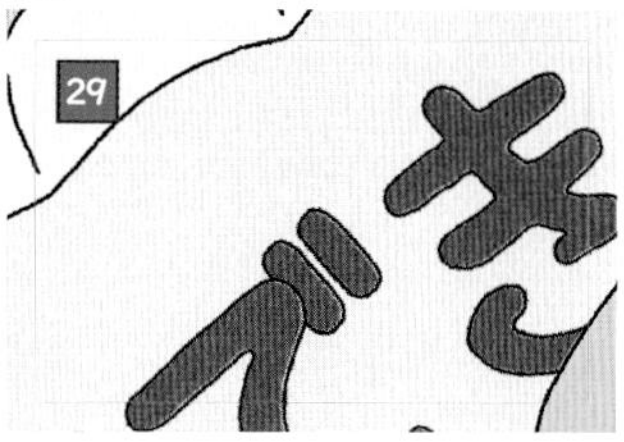

㉚62ページ

生活

①63ページ
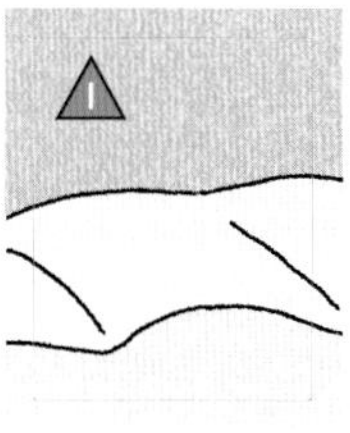

②64ページ

③65ページ
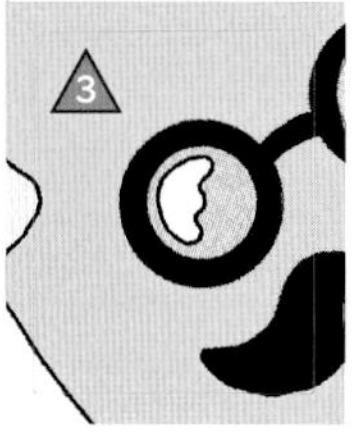

④66ページ
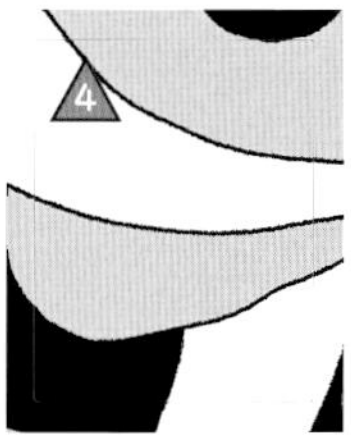

⑤67ページ

⑥68ページ
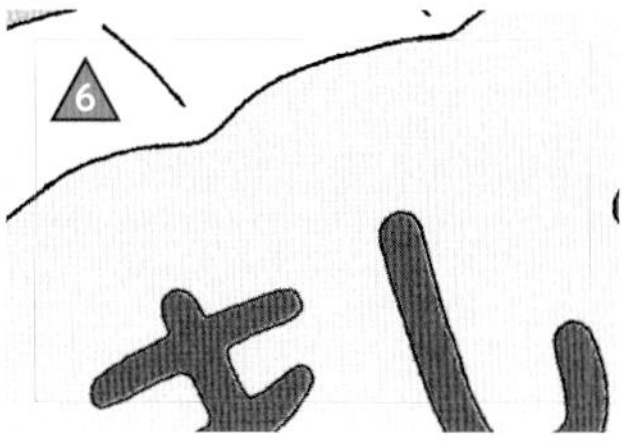

おまけシール　すきな　ところに　はってね！

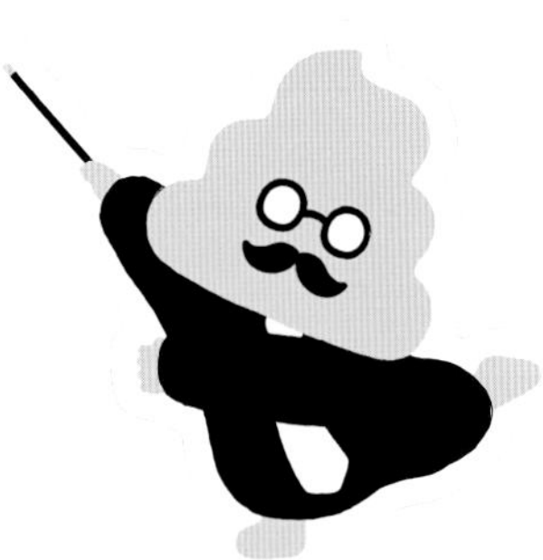

もくじ

国語

算数

生活

とく点ひょう

国語

①	月	日	／100点	⑯	月	日	／100点
②	月	日	／100点	⑰	月	日	／100点
③	月	日	／100点	⑱	月	日	／100点
④	月	日	／100点	⑲	月	日	／100点
⑤	月	日	／100点	⑳	月	日	／100点
⑥	月	日	／100点	㉑	月	日	／100点
⑦	月	日	／100点	㉒	月	日	／100点
⑧	月	日	／100点	㉓	月	日	／100点
⑨	月	日	／100点	㉔	月	日	／100点
⑩	月	日	／100点	㉕	月	日	／100点
⑪	月	日	／100点	㉖	月	日	／100点
⑫	月	日	／100点	㉗	月	日	／100点
⑬	月	日	／100点	㉘	月	日	／100点
⑭	月	日	／100点	㉙	月	日	／100点
⑮	月	日	／100点	㉚	月	日	／100点

算数

①	月	日	／100点	⑯	月	日	／100点
②	月	日	／100点	⑰	月	日	／100点
③	月	日	／100点	⑱	月	日	／100点
④	月	日	／100点	⑲	月	日	／100点
⑤	月	日	／100点	⑳	月	日	／100点
⑥	月	日	／100点	㉑	月	日	／100点
⑦	月	日	／100点	㉒	月	日	／100点
⑧	月	日	／100点	㉓	月	日	／100点
⑨	月	日	／100点	㉔	月	日	／100点
⑩	月	日	／100点	㉕	月	日	／100点
⑪	月	日	／100点	㉖	月	日	／100点
⑫	月	日	／100点	㉗	月	日	／100点
⑬	月	日	／100点	㉘	月	日	／100点
⑭	月	日	／100点	㉙	月	日	／100点
⑮	月	日	／100点	㉚	月	日	／100点

生活

①	月	日	／100点	③	月	日	／100点	⑤	月	日	／100点
②	月	日	／100点	④	月	日	／100点	⑥	月	日	／100点

1 一年生で ならった かん字の 読(よ)み

答え→69ページ

名前　　月　　日

テスト直し 100／100点　とく点 ／100点

1 ―(せん)の かん字の 読(よ)みがなを 書(か)きましょう。 一つ5点〔40点〕

① せい長(ちょう)した うんこを、**土**〔　　〕に かえしましょう。

② タイミングよく、うんこが **上**〔　　〕から おちて きた。

③ **休**〔　　〕みの 日は、うんこを 見つめながら すごす。

④ さあ、**円**〔　　〕に なって うんこを しましょう。

⑤ **山**〔　　〕の てっぺんに **立**〔　　〕ち、「うんこ！」と さけぶ。

⑥ **白**〔　　〕い うんこに、**赤**〔　　〕い クレヨンで 線(せん)を かく。

2 形(かたち)の にて いる かん字の 読(よ)みがなを 書(か)きましょう。 一もん10点〔60点〕

① かれは 気もちだけでは なく うんこも **大**〔　　〕きい。

② ぼくは 子**犬**〔　　〕より 十ばい 大きい うんこを する。

③ **学**〔　　〕年が 上がるに つれて、うんこも 大きく なる。

④ 毎日(まいにち)、「うんこ」と いう 文(も)**字**〔　　〕を 百回(ひゃっかい)ずつ 書(か)く。

⑤ 父(ちち)が **右**〔　　〕手を ふりながら うんこを して いる。

⑥ 小(こ)**石**〔　　〕サイズの うんこが たくさん 出た。

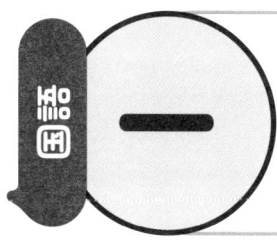

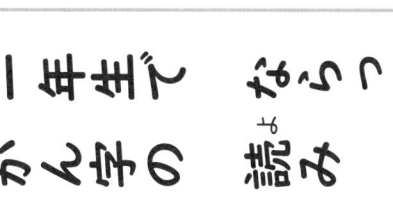

国語

2 一年生で ならった かん字の 書き

名前　　月　　日

答え→69ページ

テスト直し　100／100点　　とく点　／100点

1 かん字を 書きましょう。　一つ5点〔40点〕

① □(おと)を 立てずに うんこを して ください。

② グラウンドに、うんこを もった □(おとこ)の 人が 五百人 いる。

③ うんこは、□(てん)からの さずかりものだ。

④ □(いと)を たどって いくと、うんこが あった。

⑤ うんこを □(だ) しながら、□(あめ)の 中を 走(はし)る。

⑥ □(か)曜(よう)日(び)と □(すい)曜(よう)日(び) だけ うんこを する。

2 同(おな)じ 読(よ)みの かん字を 書(か)きましょう。　一もん10点〔60点〕

① 来年(らいねん)から □(せん)円さつの 絵(え)が うんこに なるらしい。
② □(せん)生にも、うんこで くろうした 日が ある。

③ □(き)の えだに うんこを さし、空に かかげた。
④ うんこを あげるから、元(げん)□(き)を だしてね。

⑤ □(しょう)学校では、六年間(ねんかん) うんこクラブでした。
⑥ □(しょう)月に うんこを つかって はねつきを した。

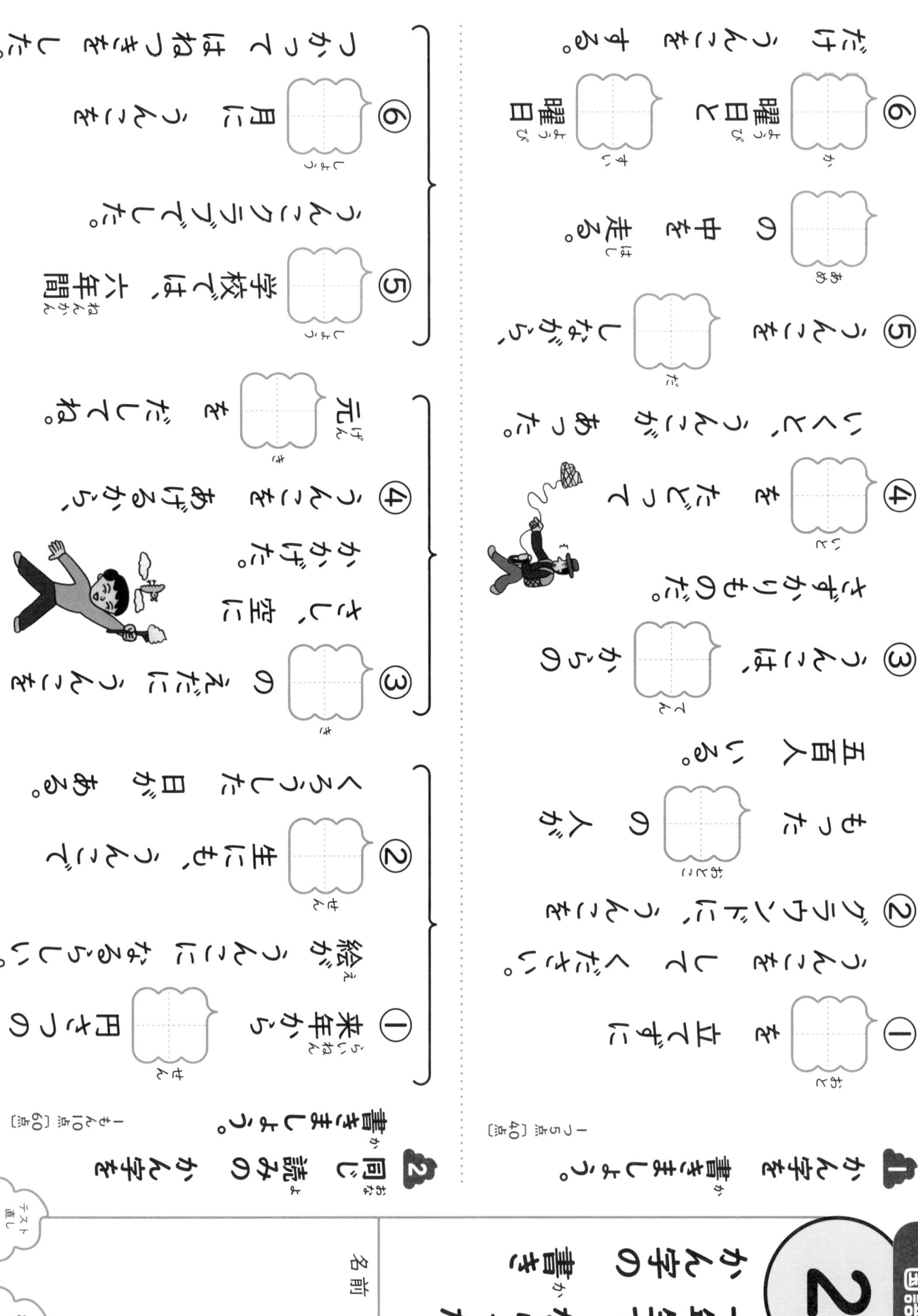

国語

3 文の 組み立て

名前　　月　　日　　答え→69ページ

テスト直し 100／100点　　とく点 ／100点

1 正しい 方の 字を ○で かこみましょう。 一もん10点〔30点〕

① うんこ ｛お・を｝ ゆらす。

② この 岩 ｛は・わ｝ うんこで できて いる。

③ うんこと 海 ｛え・へ｝ 行く。

2 まちがって いる 字を 二つずつ 見つけて ―を 引き、正しく 書き直しましょう。 一つ5点〔20点〕

れい わたしわ|は うんこだ。

① 兄わ、大きな うんこお もち上げた。

② うんこお 空え むかって とばした。

3 文の 中で、「だれ（何）が」を あらわす ことばを ○で かこみましょう。 一もん10点〔30点〕

れい （うんこが） 歌う。

① キツツキが うんこを つつく。

② 兄が さか立ちを しながら うんこを した。

③ ならべた うんこを 風が ふきとばした。

4 「どうする（どうした）」を あらわす ことばを ○で かこみましょう。 一もん5点〔20点〕

れい うんこが （おどる）。

① ナマケモノが 一日中 うんこを 見る。

② かみなりが うんこに おちた。

③ 父が うんこの ぬまに はまった。

④ わたしは 目の 前の うんこを とびこえた。

4 カタカナの ことば

名前　月　日

答え↓69ページ

テスト直し　100／100点　とく点　／100点

1 絵(え)の ことばに なるように、カタカナを 書(か)きましょう。
1もん10点〔60点〕

①  バケ

②  マラ

③  ポケ

④  ハン

⑤ 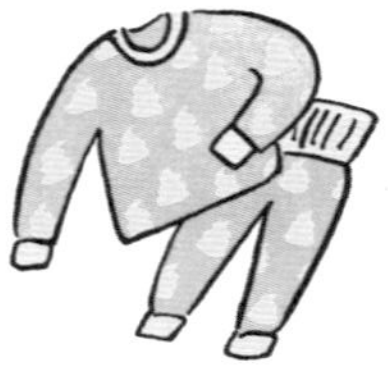 パ　マ

⑥  チ　ク

2 正しい カタカナの ことばに ○(まる)を つけましょう。
1もん10点〔20点〕

① 
もップ
モップ

② 
チョーク
チーョク

3 カタカナで 書(か)く ことばを 見つけて ―(せん)を 引(ひ)き、となりに カタカナで 書(か)き直(なお)しましょう。
1もん10点〔20点〕

れい　てすと(テスト)を する。

① ふらみんごが かた足で、うんこの 上に 立って いる。

② カいっぱい うんこを くっしょんに たたきつける。

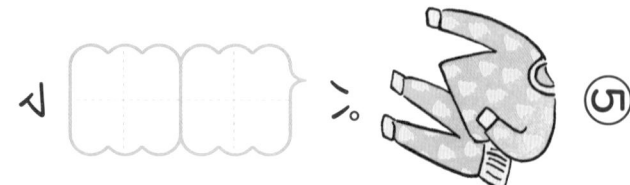

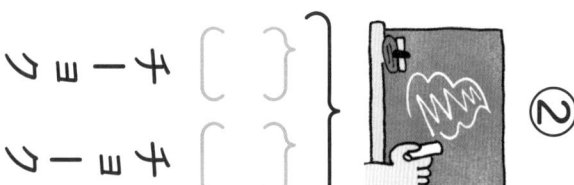

5 かん字の 読(よ)み書(か)き①

こたえ↓69ページ

月　日

名前

とく点　／100点

テスト直し　100／100点

1 ー(せん)の かん字の 読(よ)みがなを 書(か)きましょう。 一つ5点〔40点〕

① 友（　　）だちと うんこで キャッチボールを した。

② うんこの やり方(かた)は、すべて 父（　　）から 教(おそ)わった。

③ 木の えだを つかって うんこに 顔（　　）を かいた。

④ 鳥（　　）が 羽(はね)で あおいで、ぬれた うんこを かわかす。

⑤ うんこの 心（　　）の 声（　　）を 聞(き)いて ごらん。

⑥ 牛（　　）と 馬（　　）の うんこの 大きさを くらべる。

2 かん字を 書(か)きましょう。 一もん10点〔60点〕

① □(あに)は うんこを する とき、かならず わらう。

② □(おとうと)に うんこの よさを つたえる。

③ □(いもうと)から 見ると、犬の うんこは 大きいそうだ。

④ □(あね)は えい画(が)を 見て、ぼくは うんこを 見る。

⑤ うんこに □(くび)わを つけ、海(うみ)べを さん歩(ぽ)する。

⑥ うんこを しながら、□(け)糸(いと)で セーターを あむ。

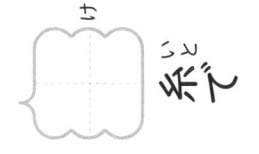

6 かん字の 読(よ)み書(か)き②

名前　月　日

答え↓70ページ

とく点　/100点

テスト直し　100/100点

1 ―(せん)の かん字の 読(よ)みがなを 書(か)きましょう。
一つ5点〔40点〕

① うんこを おなかに かかえて、池[　]に うかぶ。

② ピンセットで うんこに 羽[　]を つけました。

③ 谷[　]そこから 「うんこ!」と さけぶ 声(こえ)が した。

④ 岩[　]のように かたい うんこを、てつパイプで くだく。

⑤ 朝[　]の うんこに 雪[　]が やさしく まいおちた。

⑥ 風[　]が うんこに 冬[　]の きびしさを つたえた。

2 かん字を 書(か)きましょう。
一もん10点〔60点〕

① [よ]中(なか)に うんこの こわい 話(はなし)を する。

② ながれ[ぼし]に、「うんこ」と 三回(さんかい) 言(い)った。

③ [はる]風に とばされた うんこが、池に おちた。

④ よるに うんこを すると、つぎの 日は [は]れる。

⑤ 今日(きょう)は [ひる]ねと うんこを くりかえした。

⑥ これは、[や]生(せい)の イノシシの うんこです。

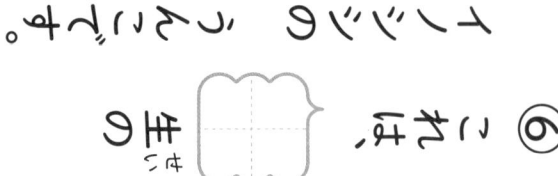

国語

7 文しょうの読みとり①

答え↓70ページ

名前　月　日

テスト直し　100／100点　とく点　／100点

1 読んで 答えましょう。

休み時間に、ぼくは　たつきと　こういちと　いっしょに、うんこを　つかって　サッカーを　して　いました。

かるく　パスを　出し合って　いましたが、たつきが　力いっぱい　うんこを　けると、ア うんこは　木の　えだに　引っかかり、とれなく　なって　しまいました。

イ「もうすぐ、じゅぎょうが　はじまるよ。」

と、こういちが　ふあんそうな　顔で　言いました。

ぼくは　木を　ゆらして　みましたが、びくとも　しません。

すると、強い　風が　ふき、えだに　ひっかかって　いた　うんこは　とばされて、ぼくの　足元に　ころがりました。

こういちは　あんしんして、

「よかったあ。」

と　言いました。

① うんこで　サッカーを　して　いたのは　だれですか。　一つ20点〔40点〕

「ぼく」と　〔　　　〕と〔　　　〕

② うんこが　ア―― のように　とれなく　なって　しまったのは　なぜですか。　〔20点〕

たつきが、力いっぱい　〔　　　〕から。

③ こういちは　イ―― を　どんな　顔で　言いましたか。絵を　○で　かこみましょう。　〔20点〕

あ 

い 

④ うんこは　どのように　して　おちましたか。○を　つけましょう。　〔20点〕

あ〔　〕木を　ゆらしたら　おちて　きた。

い〔　〕強い　風が　ふいたら　とばされた。

国語

8 文しょうの 読みとり②

名前

月　日

答え→70ページ

テスト直し　100／100点

とく点　／100点

1 読んで　答えましょう。

「アフリカウンコゾウ」は、アフリカ地方の　草原で　くらす、うんこのような　形の　大きな　耳を　もつ　生きものです。

体長は　七メートルも　あり、一日で　百キログラムほどの　草や　はっぱを　食べて、とても　大きい　うんこを　します。

大人の　アフリカウンコゾウは、トラや　ライオンに　おそわれないように、うんこの　かげに　子どもを　かくします。

また、アフリカウンコゾウは、うんこのような　耳を　バタバタと　うごかし、体に　風を　当てる　ことで、体おんを　ちょうせつする　ことが　できます。

アフリカウンコゾウの　耳の　色は、子どもは　黄色、大人は　はい色、おじいさんや　おばあさんに　なると　ピンク色に　かわるそうです。

① 「アフリカウンコゾウ」は　どんな　生きものですか。〔20点〕

うんこのような　形の　大きな　〔　　　〕を　もつ　生きもの。

② 「アフリカウンコゾウ」が　うんこの　かげに　子どもを　かくすのは　なぜですか。〔20点〕

トラや　ライオンに　〔　　　〕ように　する　ため。

③ 「アフリカウンコゾウ」が　耳を　バタバタさせるのは　何の　ためですか。〔一つ20点〕〔40点〕

風を　当てて　〔　　　〕を　〔　　　〕ため。

④ 「アフリカウンコゾウ」の　耳の　色は　どう　かわりますか。○を　つけましょう。〔20点〕

あ 〔　〕黄色→ピンク色→はい色

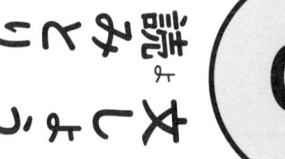

い 〔　〕黄色→はい色→ピンク色

国語

9 かん字の　画と　書きじゅん

名前　　月　日

答え→70ページ

テスト直し　100／100点　　とく点　／100点

1 何画で　書く　かん字ですか。画数を　書きましょう。　1もん5点〔20点〕

れい　出〔　五　〕画

① 犬〔　　〕画

② 白〔　　〕画

③ 花〔　　〕画

④ 校〔　　〕画

2 文の　中で　画数が　いちばん　多い　かん字を、○で　かこみましょう。　1もん10点〔20点〕

① ゴリラの　親子が、夕日を　見上げながら、楽しそうに　うんこを　して　いる。

② 友人と　二人で、直線の　上に　できるだけ　多くの　うんこを　ならべる　大会に　出場した。

3 はじめに　書く　ところは　どこですか。その　画だけを　なぞりましょう。　1もん5点〔20点〕

① 田　② 水

③ 読　④ 書

4 かん字の　書きじゅんが　正しい　方に　○を　つけましょう。　1もん10点〔40点〕

① 上
- あ〔　〕 丨　卜　上
- い〔　〕 一　卜　上

② 中
- あ〔　〕 丨　刂　中　中
- い〔　〕 丨　冂　口　中

③ 方
- あ〔　〕 丶　亠　ナ　方
- い〔　〕 丶　亠　亣　方

④ 父
- あ〔　〕 ノ　八　ク　父
- い〔　〕 ノ　八　㐅　父

国語

10 丸（。）・点（、）・かぎ（「」）

名前

月　日

答え↓70ページ

テスト直し　100／100点

とく点　／100点

1 □に　点（、）か　丸（。）を　書きましょう。　一つ5点〔20点〕

① 雲　一つ　ない　空の　下で□　足の　はやい　うんこに　おいかけられる　ゆめを　見た□

② 川から　ながれて　きた　うんこを　わると□　中から　小さい　うんこが　出て　きた□

2 文の　中に、点（、）を　一つ、丸（。）を　二つ、かぎ（「」）を　一組　書き入れましょう。　一つ5点〔20点〕

ベランダの　うんこに　おはよう　と　言った

3 つぎの　①・②の　いみに　なるように、□の　文に　点（、）を　一つずつ　つけましょう。　一もん30点〔60点〕

① お父さんと　うんこに　わたす　ため、二つの　プレゼントを　買うと　いう　いみ。

〔　ぼくは　お父さんと　うんこに　わたす　プレゼントを　買った。　〕

② うんこにだけ　プレゼントを　買うと　いう　いみ。

〔　ぼくは　お父さんと　うんこに　わたす　プレゼントを　買った。　〕

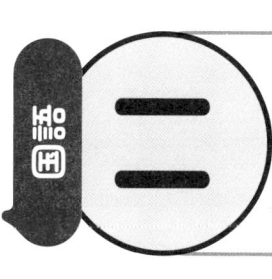

11 かん字の　読み書き③

名前　　月　　日

答え→70ページ

とく点　　/100点

テスト直し　100/100点

1 ―の　かん字の　読みがなを　書きましょう。

一つ5点〔40点〕

① 今（　　）　すぐに　うんこを　見せて　ほしい。

② 南（　　）の　国（くに）の　うんこは、ゆげの　りょうが　多（おお）い。

③ 父（ちち）が、「四角（　　）い　うんこが　出た。」と　言（い）った。

④ うんこの　かいぎは、一週（　　）かんも　つづいて　いる。

⑤ 父（ちち）は、東（　　）と　西（　　）の　うんこの　ちがいが　わかる。

⑥ 七時（　　）三十分（　　）、校長（こうちょう）先生が　うんこを　もらした。

2 かん字を　書きましょう。

一もん10点〔60点〕

① 明日（あす）までに　うんこを　せい□（り）して　ください。

② 朝（あさ）に　つみ上げた　うんこを　□（ご）後（ご）に　くずした。

③ ぼくの　□（まい）日は、うんこと　ともに　ある。

④ 火（か）□（よう）日（び）、空に　うかぶ　うんこを　見た。

⑤ □（きた）風（かぜ）に　ふかれて、うんこが　つめたく　なって　いる。

⑥ うんこと　うんこの　□（あいだ）に　ならびましょう。

国語

12 かん字の 読み書き④

名前

月　日

答え↓71ページ

テスト直し 100／100点　とく点 ／100点

1 ―の かん字の 読みがなを 書きましょう。 1つ5点〔40点〕

① せっかくだから、楽（　）しく うんこを しよう。

② 画（　）めん いっぱいに、うんこが うつし出された。

③ 市（　）の 中心に、うんこの どうぞうが ある。

④ 点（　）と 点を むすんで いくと、うんこが うかび上がった。

⑤ 手作（　）りの 丸（　）い うんこが とどいた。

⑥ いろいろな 色（　）や 形（　）の うんこを あつめて いる。

2 かん字を 書きましょう。 1もん10点〔60点〕

① □（と）書室では、小声で うんこの 話を する。

② 大□（く）さんが うんこを かなづちで たたく。

③ 「うんこ」と 言いながら □（こう）園に むかう。

④ 兄は □（おう）金の うんこを さがす たびに 出た。

⑤ □（しゃ）長の 目の 前で うんこを して みました。

⑥ □（かっ）気と いきおいに あふれる うんこですね。

13 なかまの　かん字

名前　　月　日

答え→71ページ

とく点　/100点　　テスト直し　100/100点

1 なかまでは　ない　かん字を　一つ　えらんで、○(まる)で　かこみましょう。　1もん10点〔20点〕

① 夏　冬　青　秋　春

② 南　西　北　左　東

2 なかまの　ことばを　[　](わく)から　えらんで、かん字に　直(なお)して　書(か)きましょう。　1つ5点〔30点〕

① 家(か)ぞく…［　］・［　］

② からだ…［　］・［　］

③ 時間(じかん)…［　］・［　］

あさ・くび・うんこ・あに
あたま・いわ・はは・よる

3 学校の　教科(きょうか)の　かん字を　書(か)きましょう。　1もん10点〔50点〕

① ［こく］［ご］の　時間(じかん)に、「せかいの　うんこ」の　お話(はなし)を　学ぶ。

② ［さん］［すう］は、うんこを　かぞえる　とき、やく立つ。

③ ［たい］いくの　先せいが、うんこで　からだを　きたえて　いる。

④ 今日(きょう)の　［せい］［かつ］科(か)は、「わたしと　うんこ」が　テーマだ。

⑤ ［おん］［がく］を　聞(き)かせると、わらい出す　うんこが　ある。

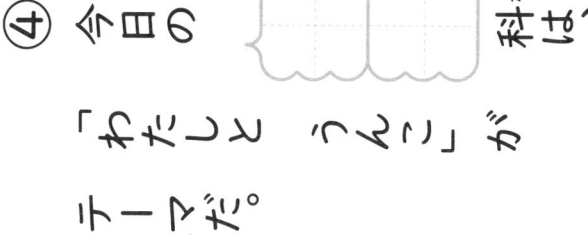

国語

14 カタカナで 書く ことば

名前　　月　　日

答え↓71ページ

テスト直し　100／100点　　とく点　／100点

1 [　]の カタカナの ことばを なかまに 分けて、記ごうを 書きましょう。　一つ5点〔40点〕

① 外国から 来た ものの ことば
…[　]・[　]

② 外国の 土地や 人、国の 名前
…[　]・[　]

③ どうぶつの 鳴き声
…[　]・[　]

④ いろいろな ものの 音
…[　]・[　]

ア メダル　イ ワンワン
ウ ドイツ　エ ガタガタ
オ ロボット　カ ガチャン
キ ハワイ　ク ニャーオ

2 つぎの 文から カタカナで 書く ことばを さがして、[　]に カタカナで 書きましょう。　一もん15点〔60点〕

① 町中の うんこを とらっくに のせ、となりの 町へ はこぶ。
[　]

② こけこっこうの 鳴き声と ともに、父は 目を さまして うんこを する。
[　]

③ はこの りょうがわを とんとん たたくと、うんこが とび出ます。
[　]

④ えじそんは、うんこを するのも わすれて、はつ明に とり組んだ。
[　]

15 文しょうの 読みとり③

1 読んで 答えましょう。

「たけし！ うんこを よく 見て！」
おうえんの 声が とびます。
ゆうしょうまで あと 一点と なってから、たけしは ぜんぜん アタックを きめられません。
うんこバレーボールの ゆうしょうが 近づき、たけしは あせって いました。
「ア たけし、自分を しんじるんだ。」と、はやとが 声を かけます。
たけしは、あせまみれに なって れんしゅうした 日々を 思い出し、イ おちつきを とりもどしました。
たいせんあい手が うった うんこを、しゅんぺいが はじき、はやとが たけしへ うんこを 高く 上げました。
「たくさん れんしゅうしたんだ。」
たけしが、いきおいよく あい手の コートへ うんこを うちこむと、あい手は 一歩も うごけず、あい手の 足もとで うんこが 大きく はねました。

① おうえんの 声が とんで いる とき、「たけし」は どんな 気もちでしたか。〔20点〕

アタックを きめられず、
（　　　　）いた。

② ア――を 言った 人を ○で かこみましょう。〔20点〕

（たけし・はやと・しゅんぺい）

③ 「たけし」が イ「おちつきを とりもどし」たのは なぜですか。〔20点〕

あせまみれに なって、
（　　　　）
日々を 思い出したから。

④ 「たけし」が うちこんだ うんこで、しあいは どう なりましたか。〔一つ20点〕〔40点〕

あい手の（　　　　）で
うんこが 大きく はねて、
しあいに かつ ことが
（　　　　）。

名前　月　日
答え↓71ページ
テスト直し 100／100点
とく点 ／100点

国語

16 文しょうの 読みとり④

名前　　月　　日

答え↓71ページ

テスト直し 100/100点　とく点 /100点

1 読んで 答えましょう。

ア おじいちゃんは、家の にわで
うんこの 話を します。
イ おじいちゃんが、うんこの 話を
すると、いつも たくさんの
人が あつまって きます。
ウ おじいちゃんの うんこの
話は、なぜ たくさんの 人を
引きつけるのでしょうか。
　おじいちゃんの うんこの 話は、
サバンナで ライオンに
かこまれて うんこを
した 話や、外国の
王さまから うんこを
もらった 話、空を とぶ
うんこに のった 話など、
おどろくような 話ばかりです。
　おじいちゃんの うんこの 話が
人を 引きつけるのは、
おじいちゃんが、ふつうでは
ありえないような、めずらしい
体けんを して きたからなのです。
　明日、おじいちゃんは、雪男を
うんこで たおした 話を
するそうです。

① 「とい」が 書かれた 文は、ア・イ・ウの どれですか。〔20点〕

〔　　〕

② おじいちゃんの うんこの 話は、どのような ものが 多いですか。〔20点〕

あ 〔　　〕うんこを もらった 話

い 〔　　〕おどろくような 話

③ おじいちゃんの うんこの 話が 人を 引きつけるのは なぜですか。〔一つ20点〔40点〕〕

おじいちゃんが、ふつうでは 〔　　〕ような、めずらしい 〔　　〕を して きたから。

④ 明日、おじいちゃんが する つもりの 話は 何ですか。〔20点〕

あ 〔　　〕うんこで 雪男を 作った 話

い 〔　　〕雪男を うんこで たおした 話

17 主語と じゅつ語

名前　月　日

答え↓71ページ

とく点 /100点　テスト直し 100/100点

1 文の 中で、主語を あらわす ことばを ○で かこみましょう。 1もん10点〔30点〕

① ペリカンが くちばしで うんこを つぶす。

② 先生が 黒ばんに 「うんこ」と 書いた。

③ 雨上がりの にじが うんこを かがやかせた。

2 文の 中で、じゅつ語を あらわす ことばを ○で かこみましょう。 1もん10点〔30点〕

① マンモスが うんこを きばに つきさした。

② たきの 水しぶきが うんこに かかった。

③ おじいちゃんは 夜、うんこに 話しかける。

3 つぎの 文は あ〜うの どの 形ですか。［わく］から えらんで、記ごうを 書きましょう。 1もん10点〔30点〕

① これは うんこだ。…〔　　〕

② うんこが おどる。…〔　　〕

③ うんこが きれいだ。…………〔　　〕

あ 何が（は） どう する。
い 何が（は） どんなだ。
う 何が（は） 何だ。

4 つぎの 絵を 見て、〔　〕に 合う 主語と じゅつ語を 書きましょう。 1つ5点〔10点〕

〔　　　　　〕が うんこに 〔　　　　　〕。

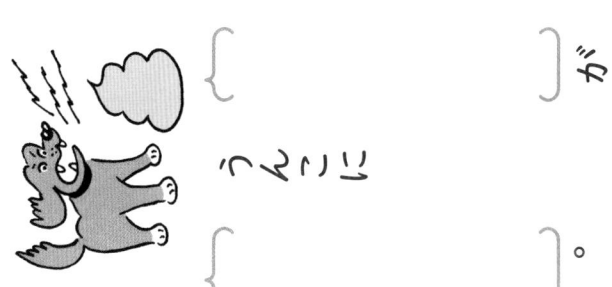

国語

18 にた いみや はんたいの いみの ことば

名前　　月　　日

答え→71ページ

とく点　／100点

テスト直し　100／100点

1 ―（せん）と にた いみの ことばを　（わく）から えらんで、記（き）ごうを 書（か）きましょう。　1もん10点〔30点〕

① うんこの ことを しゃべると、時間（じかん）が たつのが 早い。（　）

② 弟（おとうと）と うんこのような 月を ながめる。（　）

③ 兄（あに）から うんこの もち方（かた）を ならう。（　）

あ 見る　い 学ぶ　う 話（はな）す

2 ―（せん）と にた いみの ことばの 方（ほう）に ○（まる）を つけましょう。　1もん10点〔20点〕

① うんこを 見た 赤ちゃんが ほほえむ。
（　）わらう　（　）なく

② うんこと あそんで いて、とても ゆかいだ。
（　）かなしい　（　）楽（たの）しい

3 ―（せん）と はんたいの いみの ことばを　（わく）から えらんで、かん字で 書（か）きましょう。　1もん10点〔30点〕

① 上 ⇔ （　）

② 右 ⇔ （　）

③ 後（うし）ろ ⇔ （　）

ひだり・まえ・あし・した

4 ―（せん）と はんたいの いみの ことばを　（わく）から えらんで、（かっこ）に 書（か）きましょう。　1もん10点〔20点〕

① あつい 日は、うんこが とけるので、エアコンを つける。（　）

② あつい 本だが、うんこの ことしか 書（か）かれて いない。（　）

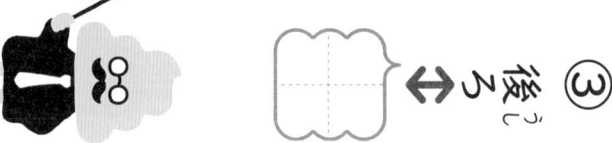

うすい・つめたい・さむい

19 かん字の 読み書き⑤

名前　月　日

答え↓72ページ

とく点　／100点

テスト直し　100／100点

1 ―の かん字の 読みがなを 書きましょう。 一つ5点〔40点〕

① 門の 前は、うんこで うめつくされて いた。

② 兄は、遠くの うんこに 矢を 当てる 天才だ。

③ ゆめで うんこと ひつじを じゅん番に 数える。

④ うんこを 刀で ちょうど いい サイズに 切る。

⑤ 船から 汽てきと うんこの 音が 聞こえる。

⑥ 寺に まつられた うんこを 交たいで 見はる。

2 かん字を 書きましょう。 一つ10点〔50点〕

① （でん）ちゅうと まったく 同じ 太さの うんこだ。

② （ゆみ）を 引く ふりを して うんこを 出した。

③ うんこを する ためだけに （さと）帰りを した。

④ （いえ）の （だい）どころに うんこは ないよ。

3 かん字と ひらがなで 書きましょう。 一もん5点〔10点〕

① 大きな 声で うんこの うたを （うたう）。

② あこがれの うんこに ついて （はなす）。

国語

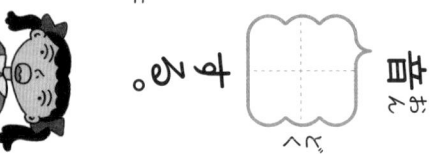

20 かん字の 読み書き⑥

名前 月 日

答え→72ページ

テスト直し 100/100点 とく点 /100点

1 ーの かん字の 読みがなを 書きましょう。 一つ5点〔40点〕

① 火の わの 中に、うんこを **通**して ください。〔　〕

② 何ど 考え直しても、**答**えは 「うんこ」だ。〔　〕

③ バターナイフで うんこを **切**って みましょう。〔　〕

④ うんこの なやみを **聞**いて くれませんか。〔　〕

⑤ 父は ふりきり、うんこを **引**き**止**める 母を した。〔　〕〔　〕

⑥ お**米**を くれた おれいに、うんこの やり方を **教**える。〔　〕〔　〕

2 かん字を 書きましょう。 一つ10点〔50点〕

① 小［むぎ］こを ふんだんに まぶしたような うんこ。

② うんこの れきしの 本を 音［どく］する。

③ どれだけ ［た］べても すぐに うんこに なる。

④ 「うんこ」と ［い］った 数を 記ろくする。［かい］

3 かん字と ひらがなで 書きましょう。 一もん5点〔10点〕

① うんこを 手に もって 〔はしる〕。

② どれだけ 〔あるい〕ても、うんこに 近づけない。

国語 21 ようすを あらわす ことば

月　日　名前

答え→72ページ

とく点　　/100点
テスト直し　100/100点

1 文の 中で ようすを あらわす ことばを えらんで、○（まる）で かこみましょう。 1もん10点〔30点〕

① うんこを ぴょんと とびこえる。

② 店（みせ）で うんこを たっぷり 買（か）った。

③ この うんこは たいようのように かがやいて いる。

2 ―（せん）と 同（おな）じ いみの ようすを あらわす ことばを えらんで、〔　〕（かっこ）に 書（か）きましょう。 1もん10点〔20点〕

① うんこを もって いそいで
〔　　　　〕歩（ある）く。

② うんこを もって 楽（たの）しく
〔　　　　〕歩（ある）く。

すたすた・のこのこ・にこにこ

3 文に 合（あ）う ようすを あらわす ことばを ［　］（わく）から えらんで、〔　〕（かっこ）に 書（か）きましょう。 1もん10点〔30点〕

① 〔　　　　〕ねむって いる 父（ちち）の まわりに、そっと うんこを おく。

② うんこを つかった ドッジボールは、〔　　　　〕の れんぞくだ。

③ 〔　　　　〕の さかの 上から、うんこを いきおいよく すべらせる。

つるつる・すやすや・はらはら

4 絵（え）に 合（あ）う 文に なるように、ようすを あらわす ことばを 〔　〕（かっこ）に 書（か）きましょう。 〔20点〕

雨が 〔　　　　〕 ふる。

国語

22 いろいろな 読み方の かん字

名前

月　日

答え→72ページ

テスト直し 100／100点　とく点 ／100点

1 ―の かん字の 読みがなを 書きましょう。 1もん5点〔30点〕

① 海に 鳴りひびく ほどの 音で うんこを した。

② 海外からの おみやげは うんこでした。

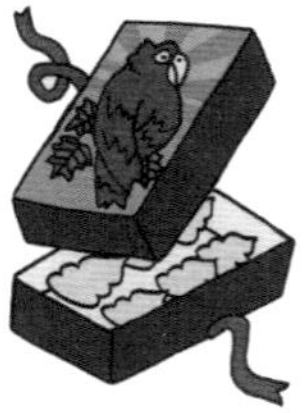

③ 場合に よっては、うんこを つかって ください。

④ 会場の 四すみに、うんこと 三角コーンを おく。

⑤ うんこを 見せて あげても いいけど、少しだけだよ。

⑥ うんこは 少ないから、考えて つかって ほしい。

2 ―の かん字の 読みがなを ［　］から えらんで 書きましょう。 1もん10点〔70点〕

① 後ろに うんこが ある。

② これは 午後の うんこだ。

③ 後で うんこを 見よう。

［ ご・こう・うし・あと・のち ］

④ うんこが 明るく かがやく。

⑤ うんこの せつ明を する。

⑥ これは 明らかに うんこだ。

⑦ うんこに 明かりを てらす。

［ めい・あき・あ・みょう・あか ］

国語

23 文しょうの読みとり⑤

名前　　月　　日

答え↓72ページ

とく点　　/100点
テスト直し　100/100点

1 読んで　答えましょう。

　きのう、父と　いっしょに
夏まつりに　行くと、ステージに
人が　あつまって　いました。
　ステージでは、
マジシャンが　マジックを　して
いました。
　ぼくたちも　いすに　すわって
マジックを　見る　ことに
しました。
　マジシャンは、黒い　ハットを
じっくり　見せました。中に、
うんこが　一つ
ある　ことを、
おきゃくさんに
知らせる　ためです。

　それから、マジシャンは、ゆびを
パチンと　鳴らしました。すると、
うんこが　ハトに　かわって、空に
きえて　いきました。
　ぼくは、
「うんこが　きえたっ！」
と、思わず　いすから
立ち上がって、大声で　さけんで
しまいました。

① 夏まつりの　ステージに　人が　あつまって　いたのは　なぜですか。　一つ20点〔40点〕

ステージで、（　　　　）が（　　　　）を　して　いたから。

② 黒い　ハットの　中には　何が　ありましたか。〔20点〕

（　　　　）

③ 「ぼく」は、どんな　ようすで　「うんこが　きえたっ！」と　言いましたか。〔20点〕

あ（　）おどろいた　ようす。

い（　）かなしんだ　ようす。

④ 「ぼく」は　なぜ　――のように　言ったのですか。「うんこ」と　「ハト」を　つかって、文で　せつ明しましょう。〔20点〕

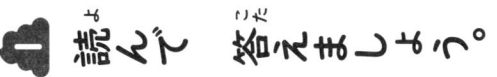

（　　　　）

24 文しょうの読みとり⑥

名前

月　日

答え→72ページ

テスト直し　100／100点

とく点　／100点

1 読んで　答えましょう。

「うんこスタンプラリー」では、ルールブックの　じゅん番どおりに、三つの　ポイントを　回ります。

はじめに、学校の　先生から、スタンプを　もらいましょう。

つぎに、うんこを　くりぬいた　船に　のって、海の　上に　ある　しまへ　むかって　ください。かかりの　人が、スタンプを　おして　くれます。しまから　サルが　海に　むかって　うんこを　なげつけて　くるので、ちゅういが　ひつようです。

さい後に、うんこで　できた　けわしい　山を　のぼり、うんこせん人から　スタンプを　もらいましょう。うんこせん人は、ひげを　うんこの　形に　ととのえて　いるので、わかる　はずです。

スタンプを　三つ　あつめると　黄金の　うんこが　もらえるので、チャレンジして　みて　ください。

① 何に　ついて　せつ明して　いる　文しょうですか。〔20点〕

「〔　　　　〕」の　やり方に　ついて。

② スタンプを　もらう　じゅんに　なるように、１・２・３の　番ごうを　書きましょう。〔20点〕

あ〔　〕しまの　かかりの　人

い〔　〕学校の　先生

う〔　〕うんこせん人

③ スタンプを　もらう　ときに　ちゅういする　ことは　何ですか。〔一つ20点〕〔40点〕

海の　上の〔　　　〕から　〔　　　〕が　うんこを　なげつけて　くる　こと。

④ スタンプを　三つ　あつめると　何が　もらえますか。〔20点〕

〔　　　　〕

国語

25 かん字の　読み書き⑦

名前　　月　　日

答え→73ページ

とく点　／100点　　テスト直し　100／100点

1　━（せん）の　かん字の　読み（よ）がなを　書き（か）ましょう。　一つ5点〔40点〕

① 思（　）って　いたよりも　すてきな　うんこですね。

② これが　うんこだなんて　考（　）えられない。

③ あれは、みぶんが　高（　）い　方（かた）の　うんこだ。

④ ブルーシートを　広（　）げて、すみに　うんこを　おく。

⑤ 太（　）い　うんこに　長（　）い　うんこを　まきつける。

⑥ 白線（はくせん）の　内（　）がわに　うんこを　おいて、外（　）がわから　見る。

2　かん字を　書き（か）ましょう。　一つ10点〔40点〕

① がっきの　音が　□（な）ると、うんこを　したく　なる。

② ゆびで　ビー玉を　はじき、うんこに　□（あ）てる。

③ どう　□（けい）算（さん）しても、うんこの　数（かず）が　□（あ）わない。

3　かん字と　ひらがなで　書き（か）ましょう。　一もん10点〔20点〕

① うんこを　かたづけてから　（かえり）ます。

② （ほそい）けど、しんの　ある　いい　うんこだ。

26 かん字の 読(よ)み書(か)き⑧

名前　　月　　日

答え→73ページ

テスト直し　100／100点　　とく点　／100点

1 ―(せん)の かん字の 読(よ)みがなを 書(か)きましょう。　一つ5点〔40点〕

① きみの うんこには お金で 買えない かちが ある。

② 万が一、うんこを もらしたら 言(い)って ほしい。

③ 売れなく なった うんこを タダで もらった。

④ うんこを する 才のうを 王さまに みとめられた。

⑤ うんこと うんこの 間(あいだ)を 行き来する。

⑥ うんこに 弱い 風(かぜ)と つよい 光を 当(あ)てる。

2 かん字を 書(か)きましょう。　一つ10点〔40点〕

① それは、［なん］回目(かいめ)の うんこですか。

② 音楽(おんがく)［しつ］で うんこマーチを さっきょくする。

③ ［しん］人(じん)なのに、［ふる］い うんこが すきなんだね。

3 かん字と ひらがなで 書(か)きましょう。　一もん10点〔20点〕

① もっと ［つよく］ なって、うんこを まもりたい。

② ［あたらしい］ 時(じ)だいを 切(き)りひらいた うんこ。

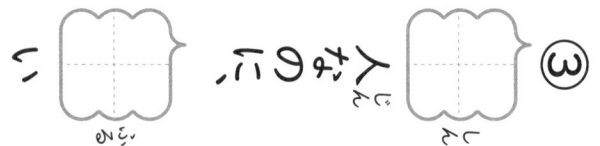

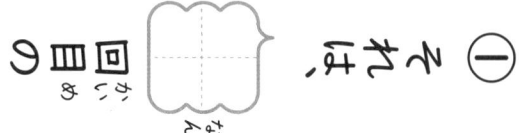

国語

27 同じ ぶぶんを もつ かん字

月　日　名前

答え→73ページ

とく点　/100点　テスト直し 100/100点

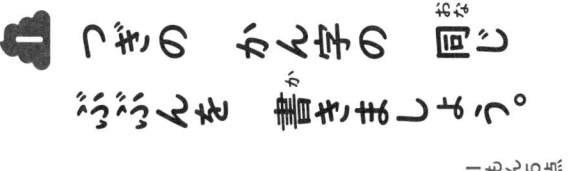

1 つぎの かん字の 同じ ぶぶんを 書きましょう。 1もん5点〔20点〕

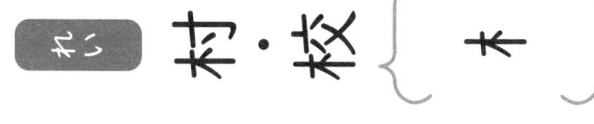

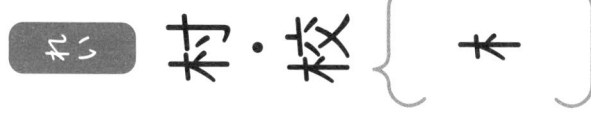

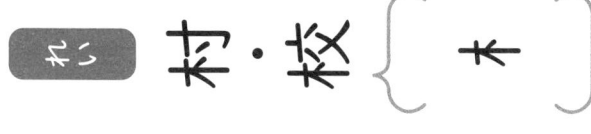

れい 村・校〔木〕

① 海・池〔　〕

② 数・教〔　〕

③ 花・草〔　〕

④ 体・何〔　〕

2 同じ ぶぶんを □から えらんで、□に 書き入れましょう。 1もん5点〔20点〕

① □売・□吾　② □易・□也

③ 彦□・豆□　④ □家・□至

頁・宀・言・土

3 同じ ぶぶんに 気を つけて、かん字を 書きましょう。 1もん10点〔60点〕

① さまざまな うんこが 出て くる □(かみ) しばい。

② うんこの □(え) を かく 才のうが ある。

③ □(さかな) が やけるまで うんこで あそぼう。

④ うんこが □(くろ) い やみに すいこまれた。

⑤ うんこが □(ちか) くに あると おちつく。

⑥ 学校までの □(みち) に、点々と うんこが ある。

28 かん字の 組み立て、まちがえやすい かん字

名前　　月　　日

答え↓73ページ

テスト直し　100／100点　　とく点　／100点

1 つぎの 二つの かん字を 組み合わせて できる かん字を 書きましょう。 1もん10点〔30点〕

れい　田＋力＝〔男〕

① 山＋石＝〔　　〕

② 口＋鳥＝〔　　〕

③ 立＋木＋見＝〔　　〕

2 下の 読み方の かん字を 作るのに 組み合わせる ぶぶんを、□から えらんで 書きましょう。 1もん10点〔30点〕

① 田＋□＝おも（う）

② □＋生＝ほし

③ 日＋□＝あか（るい）

日・月・山・心・十

3 文に 合う 方の かん字を ○で かこみましょう。 1もん10点〔40点〕

① 〔自　白〕分の うんこだけが 光って いる。

② 〔力　刀〕を ふり下ろし、うんこの 目の 前で 止める。

③ うんこへの おもいは、〔内　肉〕に しまうべきだ。

④ 〔間　聞〕いて いた うんこと ちがうじゃ ないか。

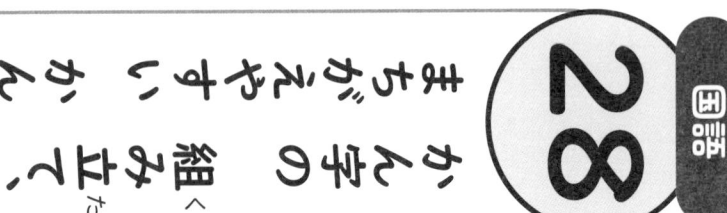

29 国語 そうしあげ①

1 文の 中の 「主語」に ―を、「じゅつ語」に 〰を 書きましょう。　1もん5点〔20点〕

① 車が うんこを ふみつぶした。

② きのう、もぐらが うんこの へやを つくった。

③ うんこを 見る ために、外国人が 日本に 来た。

④ 兄が 大きな うんこを もち上げた。

2 カタカナで 書く ことばを 見つけて ―を 引き、となりに カタカナで 書き直しましょう。　1もん10点〔20点〕

① ろぼっとを 水と うんこに 近づけないで ください。

② ふらんす人は、うつくしい うんこを するらしい。

3 文に 合う かん字を 書きましょう。　1つ10点〔60点〕

さわやかな ①［　　］（あき） 晴れの 日。

けんすけは、お父さんと ②［　　］（うみ） へ うんこつりに 出かけました。

③［　　］（くも） 一つ ない 空の 下を、④［　　］（おお） くの つり人たちを のせた ⑤［　　］（ふね） が すすみます。

りく地が ⑥［　　］（とお） く なった ころ、お父さんが、「そろそろ はじめようか。」と 言いました。（つづく）

名前　月　日　答え→73ページ　とく点　/100点　テスト直し　100/100点

30 国語 そうしあげ②

名前　　月　日

答え↓73ページ

テスト直し 100/100点　とく点 /100点

1 読んで　答えましょう。

（前の　ページの　つづき）

けんすけは、家を　出る　ときに、
「たくさん　うんこを　つって
くるよ。」
と、お母さんと　やくそくして
いたので、はりきって　いました。
しかし、うんこは　なかなか
つれません。お昼に　なっても
うんこが　つれないので、けんすけは
かなしい　気もちに　なりました。
そのとき、一人の　つり人が、
「ずいぶん　古いのを　つかって
いるね。新しい　うんこルアー*を
あげるから　つかいなさい。」
と　言いました。
もらった　うんこルアーを
つかって　みると、とたんに
うんこが　どんどん　つれました。
お父さんは
「よかったね。」
と　言い、けんすけは、
「お母さんに　おみやげが
できるね。」
と　わらいました。

*ルアー…つる　ための　おとり。

① 「けんすけ」は、だれと　どんな　やくそくを　して　いましたか。　一つ20点〔40点〕

- だれ…（　　　）
- やくそく…（　　　）

② 「かなしい　気もち」に　なったのは、なぜですか。〔20点〕

うんこが　なかなか（　　　）から。

③ 「けんすけ」は　つり人から　何を　もらいましたか。〔20点〕

（　　　）

④ うんこが　どんどん　つれて、「けんすけ」は　どのような　気もちに　なりましたか。〔20点〕

お母さんに（　　　）と　思って　明るく　なった。

算数 1 ひょうと　グラフ

月	日	答え → 74ページ

名前

とく点　／100点

テスト直し　／100点

1 いろいろな　色(いろ)の　うんこの　数(かず)を　しらべます。

［うんこの　数(かず)］

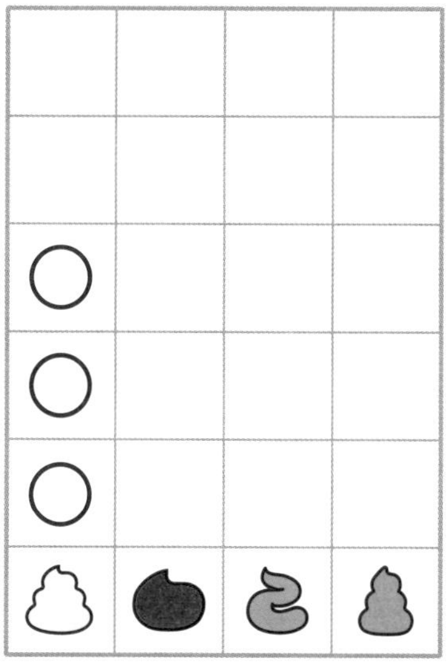

① それぞれの　うんこの　数(かず)を　グラフに　○(まる)で　かきましょう。　〔すべてできたら 15点〕

② ①で　かいた　グラフを　ひょうに　まとめましょう。　〔すべてできたら 15点〕

［うんこの　数(かず)］

うんこ	ア	イ	ウ	エ
数(かず)	3			

③ いちばん　数(かず)が　多(おお)い　うんこは　ア～エの　どれですか。　〔20点〕

（　　　　）

2 頭(あたま)に　うんこを　のせた　どうぶつの　数(かず)を　しらべます。

① どうぶつの　数(かず)を　グラフに　○(まる)で　かきましょう。　〔すべてできたら 15点〕

［どうぶつの　数(かず)］

さる	ぞう	くま	ぶた	かば

② くまと　同(おな)じ　数(かず)の　どうぶつは　何(なん)ですか。　〔15点〕

（　　　　）

③ さるの　数(かず)は　ぞうより　いくつ　多(おお)いですか。　〔20点〕

（　　　　）つ　多(おお)い。

算数

2 時こくと　時間

月　　日　答え→74ページ

とく点　／100点

テスト直し　／100点

名前

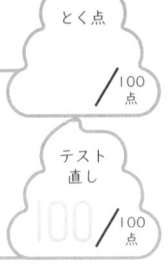

1 つぎの　時こくを　午前・午後を　つけて　答えましょう。

１もん10点〔30点〕

朝

①〔　　　　〕

夕方

②〔　　　　〕

夜

③〔　　　　〕

2 □に　あう　数を　書きましょう。

１もん10点〔30点〕

① 60分＝□時間

② 午前と　午後は、それぞれ　□時間

③ １日＝□時間

3 ①・②は　時間を、③は　時こくを　答えましょう。

１もん10点〔30点〕

① 午前９時30分 → 午前10時

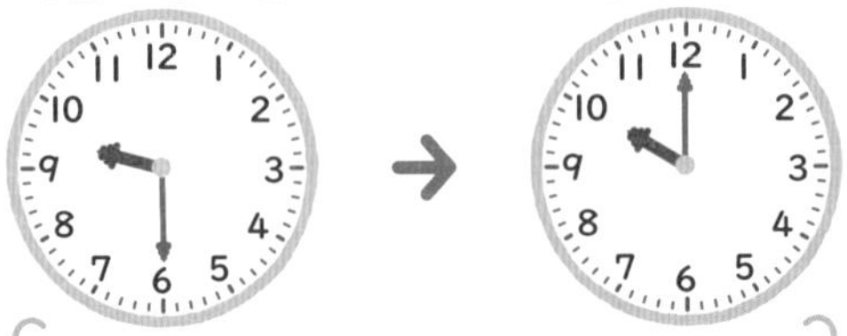

〔　　　　分〕

② 午後２時 → 午後８時

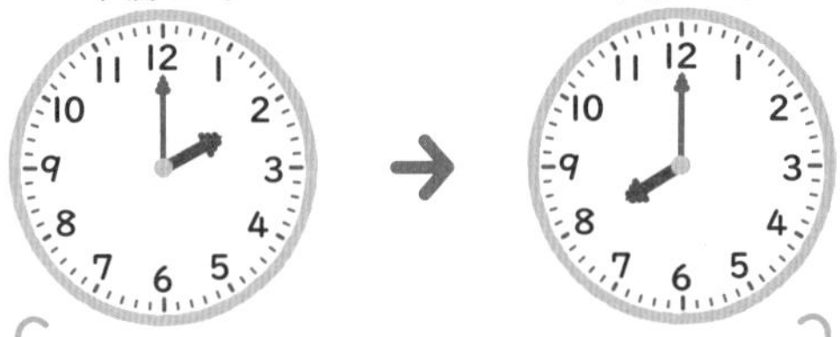

〔　　　　時間〕

③ 午前９時50分の　２時間前

〔　　　　〕

4 午前11時に　うんこの　プラモデルが　とどきました。すぐに　作りはじめ、午後４時に　かんせいしました。プラモデルが　とどいてから　かんせいするまでに　何時間　かかりましたか。

〔10点〕

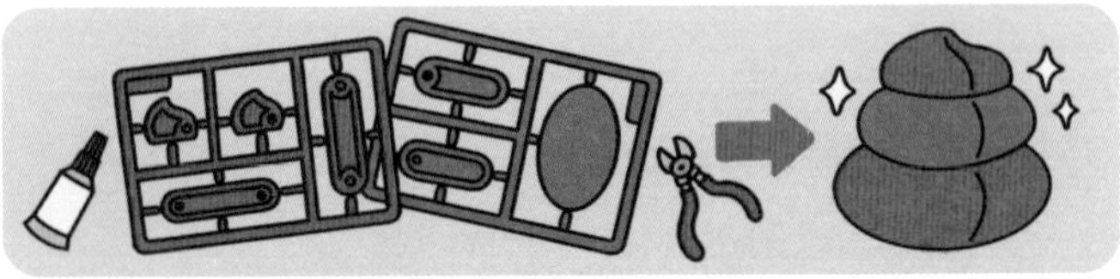

〔　　　　〕

算数

3 たし算の　ひっ算①

月　日　答え→74ページ

とく点　/100点

テスト直し　/100点

名前

1 たし算を　しましょう。

1もん5点〔30点〕

① 34 + 15

② 16 + 52

③ 43 + 40

④ 50 + 25

⑤ 76 + 3

⑥ 4 + 94

2 ひっ算で　しましょう。

1もん10点〔40点〕

① 22＋63

② 36＋21

③ 60＋7

④ 9＋90

3 うんこを　ハトに　かえる　マジックショーを、13人が　見に　来ました。話だいに　なると、さらに　82人　見に　来ました。ぜんぶで　何人が　来ましたか。

しき10点、答え10点〔20点〕

しき

答え

4 つぎの　ひっ算が　正しければ〔　〕に　○を、まちがって　いれば　正しい　答えを　書きましょう。

1もん5点〔10点〕

① 20＋63

	2	0
＋	6	3
	8	3

〔　　〕

② 5＋34

	5	
＋	3	4
	8	4

〔　　〕

算数

4 たし算の　ひっ算②

月　日　答え→74ページ

名前

とく点　/100点

テスト直し　/100点

1 たし算を　しましょう。

1もん5点〔30点〕

①

	2	4
+	1	7

②

	1	9
+	3	2

③

	3	3
+	3	7

④

	5	5
+	2	5

⑤

	6	6
+		8

⑥

		9
+	7	9

2 ひっ算で　しましょう。

1もん10点〔40点〕

① 28＋35

② 46＋26

③ 54＋7

④ 9＋88

3 お父さんが　外国で　25この　うんこを　したと　話すと、おじいちゃんは　67こ　したと　話しました。2人の　うんこの　数は、あわせて　なんこですか。

しき10点、答え10点〔20点〕

しき

答え ＿＿＿＿

4 つぎの　ひっ算が　正しければ　〔　〕に　○を、まちがって　いれば　正しい　答えを　書きましょう。

1もん5点〔10点〕

① 49＋44

	4	9
+	4	4
	8	3

〔　　〕

② 33＋7

	3	3
+		7
	4	0

〔　　〕

算数

5 ひき算(ざん)の　ひっ算(さん)①

月　　日　答え→75ページ

名前

とく点　　／100点

テスト直し　　／100点

1 ひき算(ざん)を　しましょう。

1もん5点〔30点〕

①

	4	5
−	1	3

②

	6	6
−	5	2

③

	3	7
−	2	7

④

	7	0
−	3	0

⑤

	8	6
−		5

⑥

	5	9
−		9

2 ひっ算(さん)で　しましょう。

1もん10点〔40点〕

① 23−12　② 44−31

③ 64−24　④ 98−7

3 おじいちゃんは、77年間(ねんかん)の　うち、47年間(ねんかん)　うんこの　ことを　考(かんが)えて　いたそうです。うんこの　ことを　考(かんが)えなかった　きかんは　何年間(なんねんかん)ですか。

しき10点、答え10点〔20点〕

しき

答え ＿＿＿＿＿＿

4 つぎの　ひっ算(さん)が　正しければ　〔　　〕(かっこ)に　○(まる)を、まちがって　いれば　正しい　答(こた)えを　書(か)きましょう。

1もん5点〔10点〕

① 53−20

	5	3
−	2	0
	7	3

〔　　〕

② 85−5

	8	5
−	5	
	3	5

〔　　〕

6 ひき算の　ひっ算②

月	日

答え→75ページ

答え→75ページ

名前

とく点　/100点

テスト直し　100/100点

1 ひき算を　しましょう。

1もん5点〔30点〕

① $\begin{array}{r} 83 \\ -\ 47 \\ \hline \end{array}$　② $\begin{array}{r} 55 \\ -\ 26 \\ \hline \end{array}$

③ $\begin{array}{r} 24 \\ -\ 17 \\ \hline \end{array}$　④ $\begin{array}{r} 42 \\ -\ 39 \\ \hline \end{array}$

⑤ $\begin{array}{r} 66 \\ -\ \ 8 \\ \hline \end{array}$　⑥ $\begin{array}{r} 70 \\ -\ \ 9 \\ \hline \end{array}$

2 ひっ算で　しましょう。

1もん10点〔40点〕

① 34－15　② 73－55

③ 54－7　④ 92－6

3 音楽が　かかると　おどりだす うんこが　61こ、ケタケタ　わらう うんこが　35こ　あります。 2つの　うんこの　数の　ちがいは 何こですか。

しき10点、答え10点〔20点〕

しき

答え ＿＿＿＿＿＿

4 つぎの　ひっ算が　正しければ 〔　〕に　○を、まちがって　いれば 正しい　答えを　書きましょう。

1もん5点〔10点〕

① 45－28

$\begin{array}{r} 45 \\ -\ 28 \\ \hline 27 \end{array}$

〔　　〕

② 33－7

$\begin{array}{r} 33 \\ -\ \ 7 \\ \hline 26 \end{array}$

〔　　〕

算数

7 長さ

月　日　答え→75ページ

名前

とく点　/100点

テスト直し　/100点

1 テープの　長さは　何cm何mmですか。　1もん5点〔10点〕

①

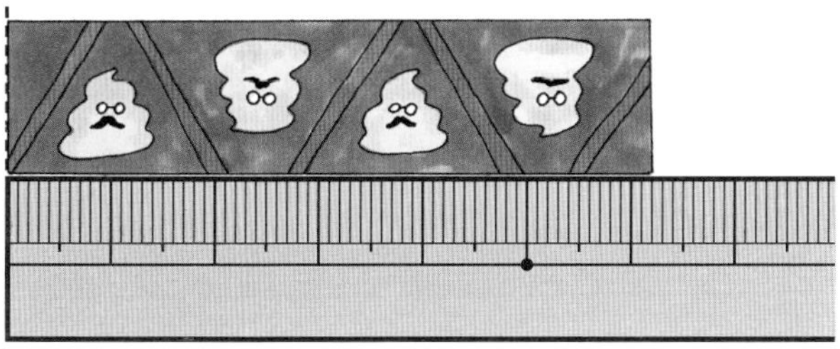

〔　　〕cm〔　　〕mm

②

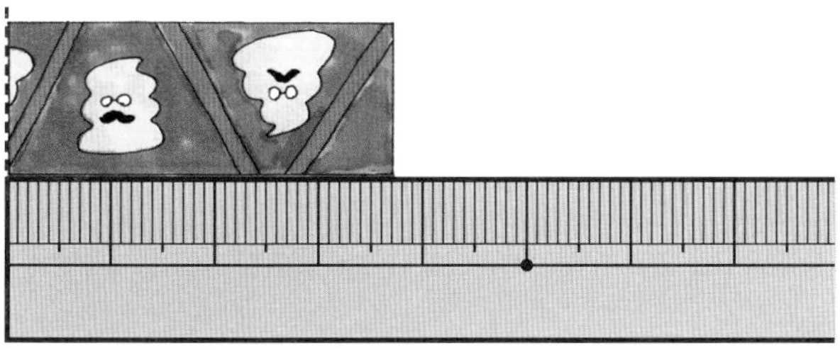

〔　　　　　　〕

2 □に　あう　数や　長さの　たんいを　書きましょう。　1もん10点〔50点〕

① 9cm ＝ □ mm

② 30mm ＝ □ cm

③ 4cm7mm ＝ □ mm

④ 76mm ＝ □ cm □ mm

⑤ 教科書の　あつさは　5 □。

3 ●の　ぼうから　つぎの　長さの　直線を　引きましょう。　1もん10点〔20点〕

① 5cm

② 34mm

4 計算を　しましょう。　1もん5点〔10点〕

① 6mm＋8cm3mm

② 8cm5mm－4mm

5 七夕で「せかい一の　うんこ」と書いた　たんざくを　11cm7mmの　糸で　つるし、「せかいへいわ」と書いた　たんざくを　5cmの　糸で　つるしました。つかった　糸は、あわせて　何cm何mmですか。　しき5点、答え5点〔10点〕

しき

答え

算数 8 1000までの　数①

月　日　答え→75ページ

とく点　/100点

テスト直し　/100点

名前

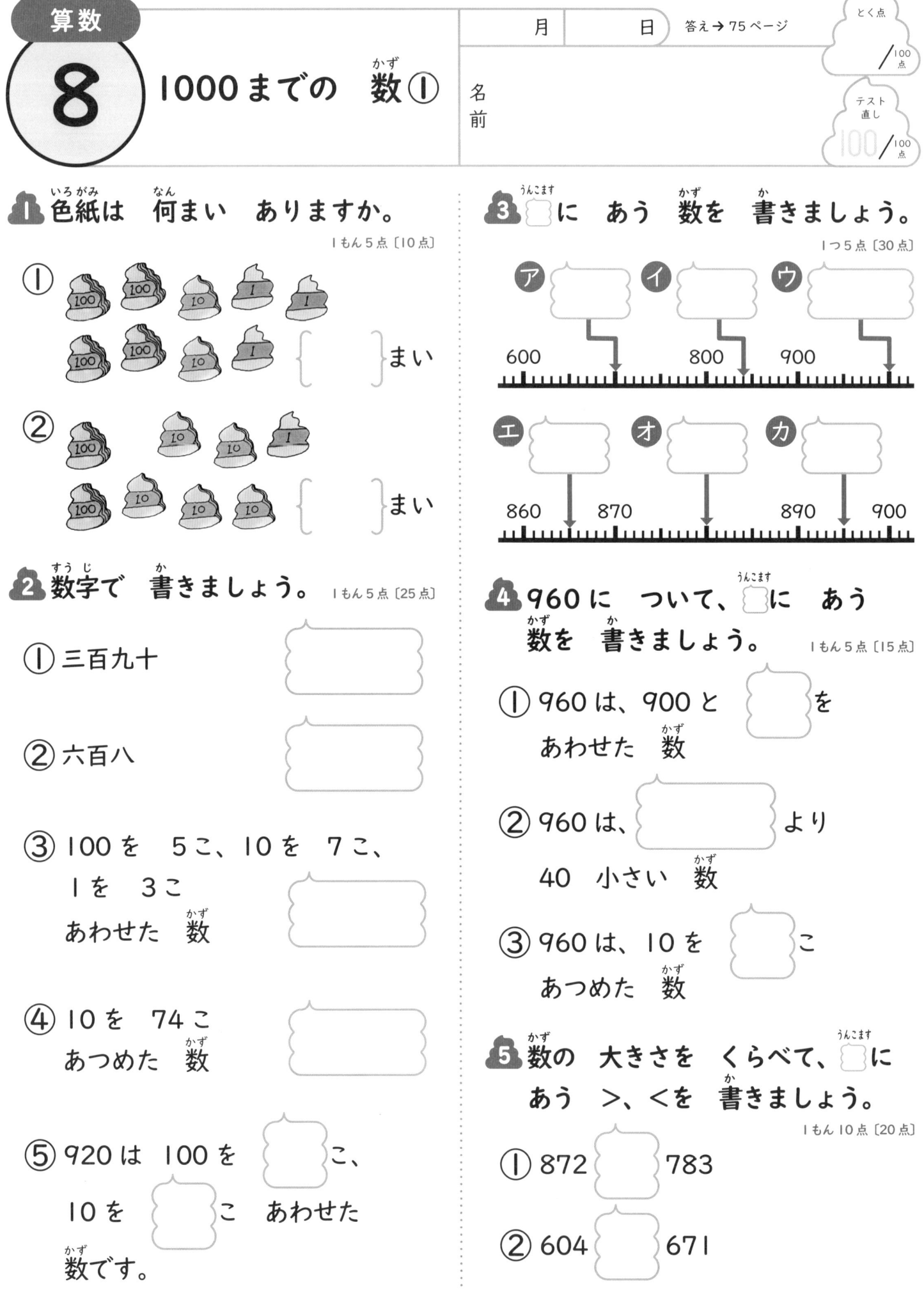

1 色紙は　何まい　ありますか。

1もん5点〔10点〕

①

〔　　　〕まい

②

〔　　　〕まい

2 数字で　書きましょう。

1もん5点〔25点〕

① 三百九十

② 六百八

③ 100を　5こ、10を　7こ、1を　3こ　あわせた　数

④ 10を　74こ　あつめた　数

⑤ 920は　100を □ こ、10を □ こ　あわせた　数です。

3 □に　あう　数を　書きましょう。

1つ5点〔30点〕

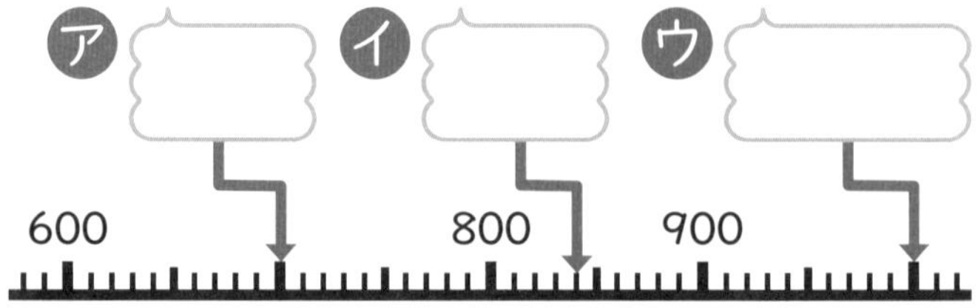

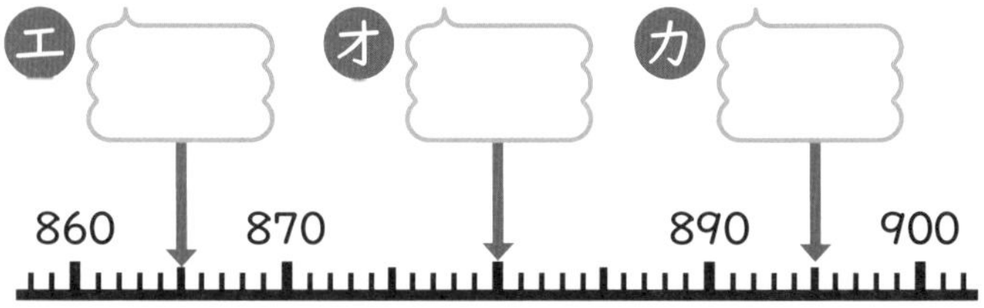

4 960について、□に　あう　数を　書きましょう。

1もん5点〔15点〕

① 960は、900と □ を　あわせた　数

② 960は、□ より　40　小さい　数

③ 960は、10を □ こ　あつめた　数

5 数の　大きさを　くらべて、□に　あう　>、<を　書きましょう。

1もん10点〔20点〕

① 872 □ 783

② 604 □ 671

算数

9 1000までの 数②

月　日　答え→75ページ

名前

とく点 /100点

テスト直し /100点

1 計算を しましょう。 1もん5点〔30点〕

① 70+60　② 20+90

③ 80+80　④ 130−40

⑤ 160−80　⑥ 140−90

2 体そうの お兄さんが うんこを せ中に のせて うで立てふせを 50回し、うんこを 頭に のせて スクワットを 90回 しました。あわせると 何回ですか。

しき5点、答え5点〔10点〕

しき

答え

3 うんこおどり大会の チラシが 130まい あり、うんこを 見る会の チラシは 60まい あります。まい数の ちがいは 何まいですか。

しき5点、答え5点〔10点〕

しき

答え

4 計算を しましょう。 1もん5点〔30点〕

① 300+70　② 500+200

③ 700+9　④ 700−100

⑤ 608−8　⑥ 840−40

5 見るだけで しあわせに なれる うんこの どうぞうが あります。きのうは 500人が 来て、きょうも 500人が 来ました。あわせると 何人ですか。

しき5点、答え5点〔10点〕

しき

答え

6 大とうりょうの うんこが 600円で 売られて いたので、1000円を 出して 買いました。おつりは いくらでしたか。

しき5点、答え5点〔10点〕

しき

答え

算数

10 かさ

月　日　答え→76ページ

とく点　/100点

名前

テスト直し　/100点

1 つぎの　かさは　どれだけですか。

1もん5点〔10点〕

①

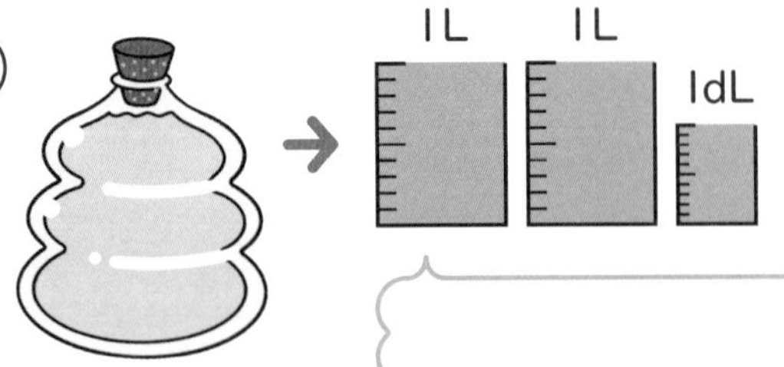

②

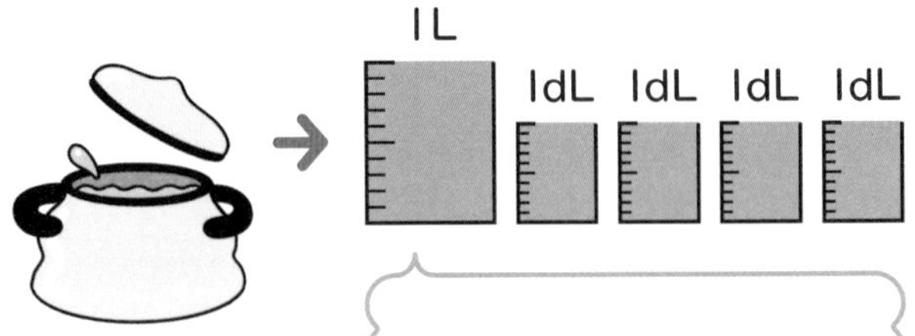

2 （うんこます）に　あう　数（かず）を　書（か）きましょう。

1もん5点〔30点〕

① 1L＝□dL

② 3L2dL＝□dL

③ 57dL＝□L□dL

④ 1L＝□mL

⑤ 1dL＝□mL

⑥ 400mL＝□dL

3 かさの　大きさを　くらべて、（うんこます）に　あう　>、<を　書（か）きましょう。

1もん10点〔30点〕

① 7L □ 8000mL

② 30dL □ 2L

③ 400mL □ 3L

4 計算（けいさん）を　しましょう。

1もん10点〔20点〕

① 7L＋7dL

② 2L4dL－3dL

5 父（ちち）の　うんこを　ながす　ために　4L3dLの　水を　つかい、ぼくの　うんこを　ながす　ために　3Lの　水を　つかいました。つかった　水は　あわせて　何（なん）L何（なん）dLですか。

しき5点、答え5点〔10点〕

しき

答え

算数

11 計算の　くふう

月　日　答え→76ページ

とく点　/100点

テスト直し　/100点

名前

1 計算を　しましょう。

1もん5点〔25点〕

① (15+5)+8

② 11+(7+23)

③ (27+13)+15

④ 4+(31+19)

⑤ (14+16)+20

2 くふうして　計算しましょう。

1もん5点〔25点〕

① 8+12+3

② 9+16+4

③ 29+11+17

④ 25+41+9

⑤ 33+27+11

3 うんこを　友だちの　アメリカ人から　7こ、ブラジル人から　14こ、フランス人から　6こ、もらいました。ぜんぶで　何こ　もらいましたか。1つの　しきで　もとめましょう。

しき15点、答え10点〔25点〕

しき

答え

4 うんこアンケートを　とると、「するのが　すき」が　21人、「話すのが　すき」が　9人、「見るのが　すき」が　3人でした。人数は　あわせて　何人ですか。1つの　しきで　もとめましょう。

しき15点、答え10点〔25点〕

しき

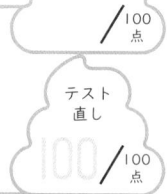

答え

算数

12 たし算の　ひっ算③

月　　日　答え→76ページ

とく点　　/100点

テスト直し　100/100点

名前

1 たし算を　しましょう。　1もん5点〔30点〕

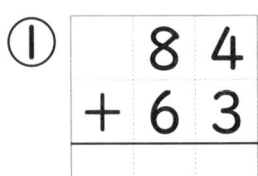

① 84 + 63

② 47 + 71

③ 66 + 55

④ 28 + 94

⑤ 97 + 8

⑥ 9 + 99

2 ひっ算で　しましょう。　1もん5点〔20点〕

① 75+39　② 32+88

③ 44+56　④ 5+98

3 76+53を　ひっ算で　します。

うんこますに　あう　数を　書きましょう。

1つ5点〔25点〕

① 一のくらいの　計算

6 + 3 = ［　］

② 十のくらいの　計算

7 + 5 = ［　］

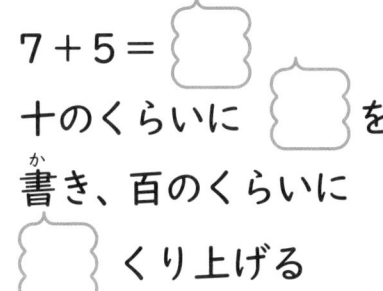

十のくらいに［　］を書き、百のくらいに［　］くり上げる

③ 答えは［　］

4 ぼくと　父の　ペアで、うんこコンテストに　出場しました。ぼくの　うんこは　86点、父の　うんこは　55点でした。あわせると　何点でしたか。

しき15点、答え10点〔25点〕

しき

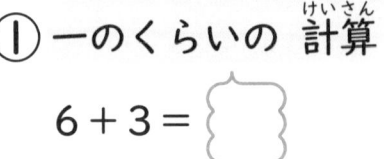

答え

算数

13 ひき算の　ひっ算③

月　日　答え→76ページ

名前

とく点　/100点

テスト直し　/100点

1 ひき算を　しましょう。

1もん5点〔30点〕

① $136 - 53$

② $158 - 87$

③ $114 - 26$

④ $175 - 99$

⑤ $100 - 45$

⑥ $102 - 8$

2 ひっ算で　しましょう。

1もん5点〔20点〕

① 167－83

② 143－64

③ 120－35

④ 101－9

3 187－92を　ひっ算で　します。□に　あう　数を　書きましょう。

1つ5点〔25点〕

①
$187 - 92$

① 一のくらいの　計算

7－2＝□

② 十のくらいの　計算

百のくらいから

□くり下げる

② ③
$187 - 92$

③ □－9＝□

④ 答えは　□

4 フィギュアスケートで　「うんこ、うんこ」と　リズムを　とりながら、右回りを　123回、左回りを　35回　しました。右回りは　左回りより　何回　多いですか。

しき15点、答え10点〔25点〕

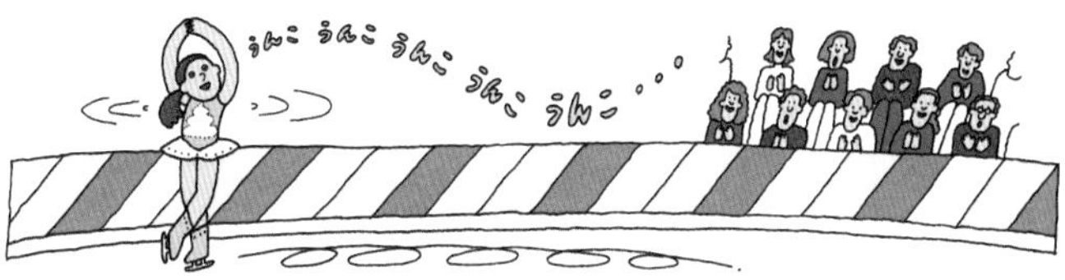

しき

答え

算数

14 たし算(ざん)と　ひき算(ざん)

月　　日　答え → 76 ページ

名前

とく点　／100点

テスト直し　／100点

1 計算(けいさん)を　しましょう。　1もん5点〔30点〕

① $\begin{array}{r} 345 \\ +\ \ 25 \\ \hline \end{array}$

② $\begin{array}{r} 508 \\ +\ \ 32 \\ \hline \end{array}$

③ $\begin{array}{r} 43 \\ +719 \\ \hline \end{array}$

④ $\begin{array}{r} 671 \\ -\ \ 42 \\ \hline \end{array}$

⑤ $\begin{array}{r} 459 \\ -\ \ 59 \\ \hline \end{array}$

⑥ $\begin{array}{r} 867 \\ -\ \ \ 9 \\ \hline \end{array}$

2 ひっ算(さん)で　しましょう。　1もん5点〔20点〕

① 463＋17　② 6＋666

③ 593－84　④ 722－8

3 プロ野(や)きゅうで、ゆうしょうした ブリブリウンコーズが　パレードを ひらきました。来(き)た　人の　うち 448人が「ウンコーズ！」、42人が「おめでとう！」と　言(い)いました。言(い)った　人は　あわせて　何人(なんにん)ですか。

しき15点、答え10点〔25点〕

しき

答え

4 花火大会(はなびたいかい)で　花火が　272はつ うち上がりました。そのうち、47はつは　うんこの　形(かたち)を　して いました。うんこの　形(かたち)を　して いない　花火は　何(なん)ぱつでしたか。

しき15点、答え10点〔25点〕

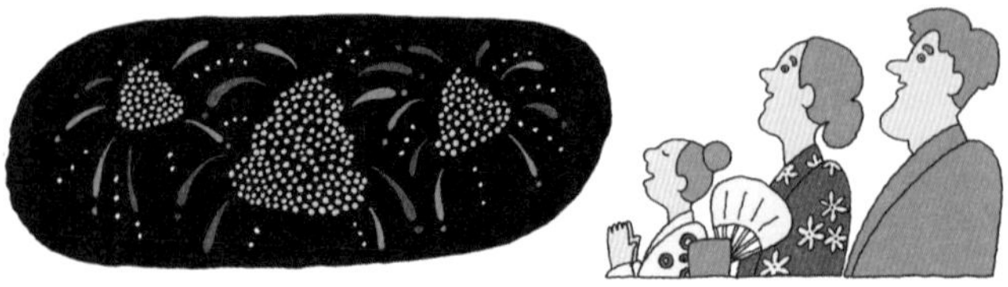

しき

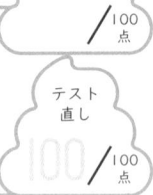

答え

算数

15 三角形と　四角形

月　　日　答え→77ページ

名前

とく点　　/100点

テスト直し　　/100点

1 □に　あう　数や　ことばを　書きましょう。　1もん5点〔10点〕

① 3本の　直線で　かこまれた　形を、□と　いいます。

② □本の　直線で　かこまれた　形を、四角形と　いいます。

2 三角形と　四角形の　まわりの　直線と、かどの　点の　名前を　書きましょう。　1つ5点〔10点〕

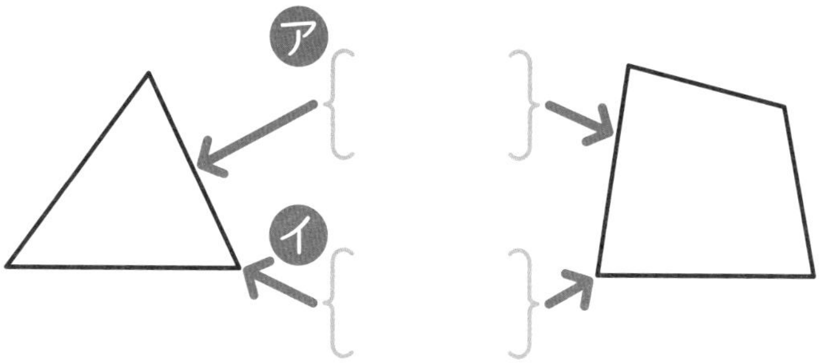

3 □に　あう　数を　書きましょう。　1もん10点〔20点〕

① 三角形には　へんが□本、ちょう点が□つ　あります。

② 四角形には　へんが□本、ちょう点が□つ　あります。

4 三角形と　四角形を　見つけて　記ごうを　書きましょう。　1もん10点〔30点〕

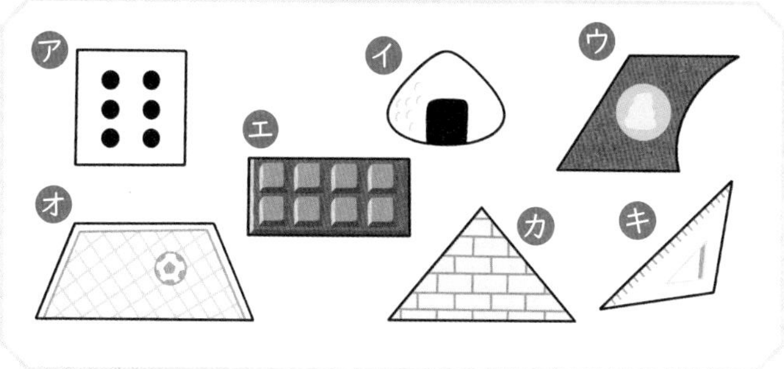

① 三角形〔　　〕

② 四角形〔　　〕

③ どちらでも　ない〔　　〕

5 三角形と　四角形に　直線を　1本　たして、2つの　形に　わけましょう。　1もん10点〔30点〕

① 四角形2つ

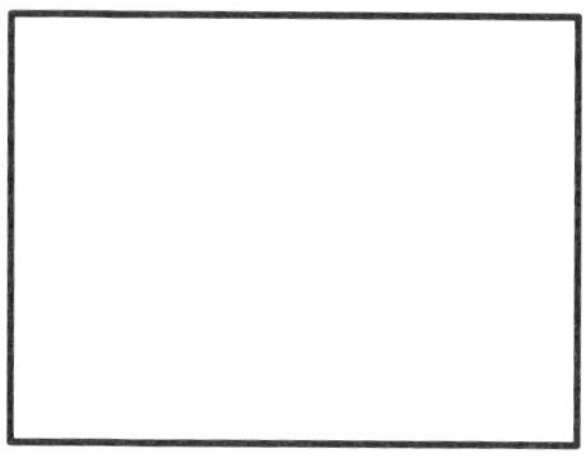

② 三角形2つ

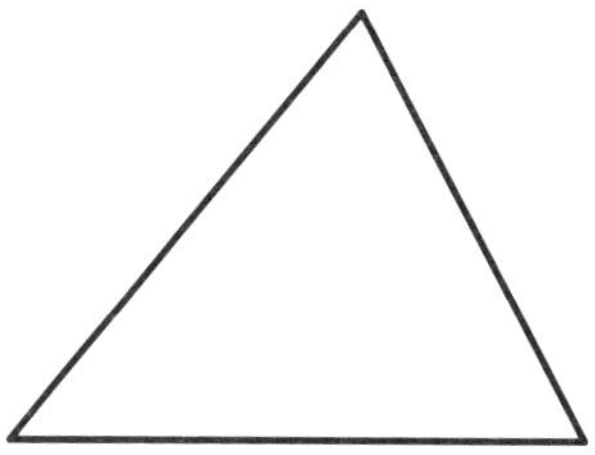

③ 三角形2つ

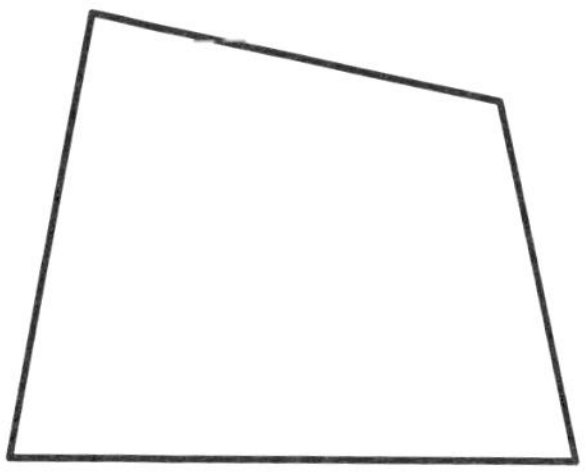

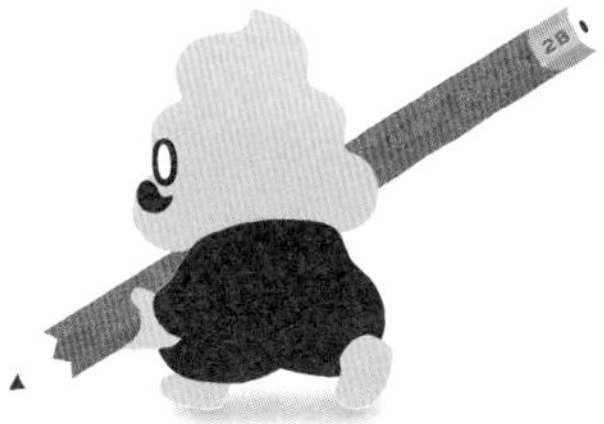

算数

16 長方形と　正方形

月　　日　答え→77ページ

名前

とく点　／100点

テスト直し　／100点

1 三角じょうぎの　直角の　かどは　どれですか。すべて　見つけて　記ごうで　答えましょう。〔20点〕

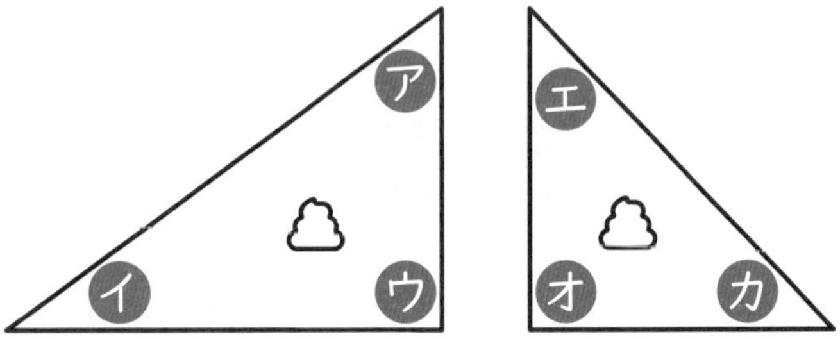

{　　　　}

2 □に　あう　ことばを　□から　えらんで　書きましょう。1もん10点〔30点〕

① 4つの　かどが　みんな　直角で、へんの　長さが　みんな　同じ　四角形を　□　と　いいます。

② 4つの　かどが　みんな　直角な　四角形を　□　と　いいます。

③ 直角の　かどが　ある　三角形を　□　と　いいます。

長方形・正方形・直角三角形

3 つぎの　形を　すべて　見つけて　記ごうで　答えましょう。1もん10点〔20点〕

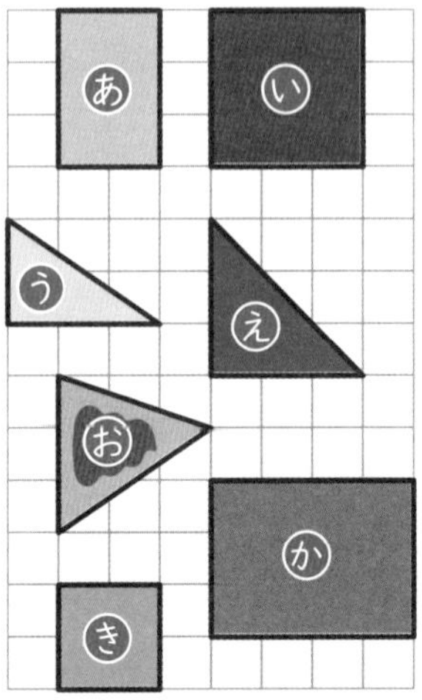

① 正方形

{　　　　}

② 直角三角形

{　　　　}

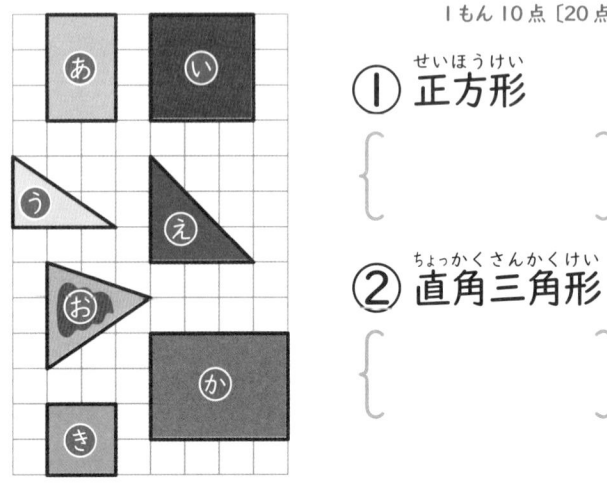

4 つぎの　形を　すべて　かきましょう。1もん10点〔30点〕

① 1つの　へんの　長さが　2cmの　正方形

② 2つの　へんの　長さが　2cmと　3cmの　長方形

③ 4cmと　2cmの　へんの　間に　直角の　かどが　ある　直角三角形

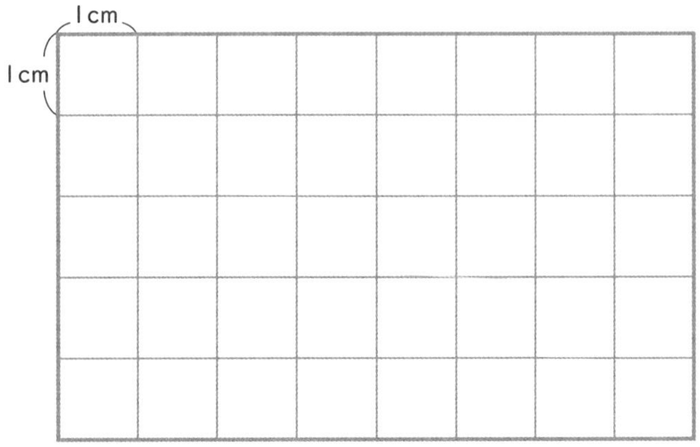

算数

17 かけ算①

月　日　答え→77ページ

名前

とく点　/100点

テスト直し　/100点

1 うんこの　数を　もとめます。

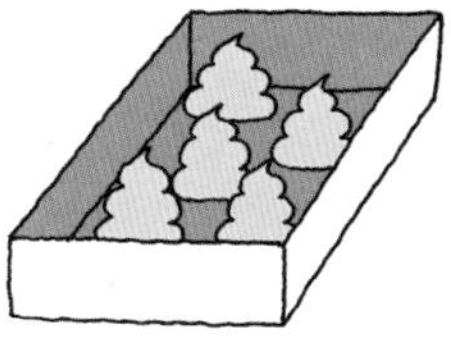

① うんこは　1はこに　何こずつ入って　いますか。〔5点〕

〔　　　〕

② はこは　何はこ　ありますか。〔5点〕

〔　　　〕

③ 絵を　見て　かけ算の　しきを書きましょう。〔10点〕

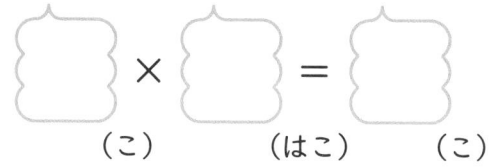

□ × □ = □
（こ）（はこ）（こ）

2 絵を　見て　かけ算の　しきを書きましょう。

1もん10点〔20点〕

①

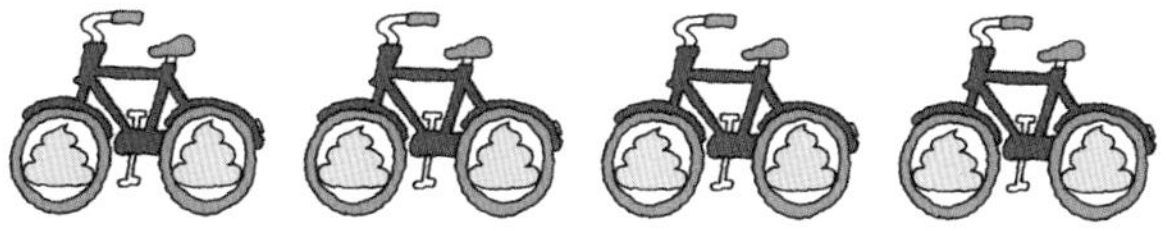

ぜんぶの タイヤの 数　□ × □ = □

②

ぜんぶの えんぴつの 数　□ × □ = □

3 計算を　しましょう。

1もん5点〔30点〕

① 3×1　② 2×3

③ 4×4　④ 2×8

⑤ 4×7　⑥ 5×9

4 まとに　うんこを　当てると、1回に　つき　5点　入ります。まとに　うんこを　6回　当てると何点に　なりますか。

しき10点、答え5点〔15点〕

しき

答え ＿＿＿＿

5 はかせが、1分間に　3この　うんこを　ひねり出す　きかいを　はつ明しました。4分間では、何この　うんこが　できますか。

しき10点、答え5点〔15点〕

しき

答え ＿＿＿＿

算数

18 かけ算②

月　日　答え→77ページ

とく点　/100点

テスト直し　/100点

名前

1 答えが　同じに　なる　かけ算が　書かれた　うんこカードを　―で　つなぎましょう。

1つ5点〔20点〕

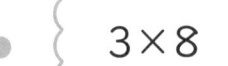

4×4	●	●	3×8
9×2	●	●	6×3
2×6	●	●	8×2
6×4	●	●	3×4

2 かけ算の　しきを　書きましょう。

1もん10点〔20点〕

① うんこかぶとむしの　足の　数
6本の　5ひき分

□ × □ ＝ □
（本）（ひき）（本）

② うんこてんとうむしの
もようの　数
8この　6ぴき分

□ × □ ＝ □
（こ）（ぴき）（こ）

3 計算を　しましょう。

1もん5点〔30点〕

① 9×1　② 6×3

③ 7×5　④ 1×7

⑤ 8×4　⑥ 7×6

4 うんこの　船で　ぼうけんに　出ます。1せきの　船には、9人　のる　ことが　できます。この　船が　7せき　ある　とき、ぼうけんに　出かけられるのは　何人ですか。

しき10点、答え5点〔15点〕

しき

答え ＿＿＿＿

5 あくびを　1回　すると　うんこを　8こ　まきちらす、なぞの　生きものが　はっ見されました。あくびを　7回　すると、うんこは　何こに　なりますか。

しき10点、答え5点〔15点〕

しき

答え ＿＿＿＿

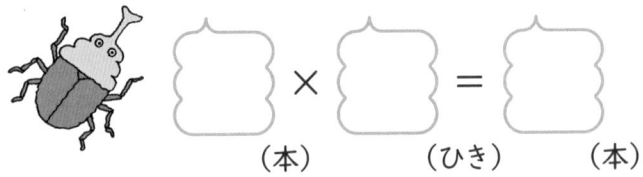

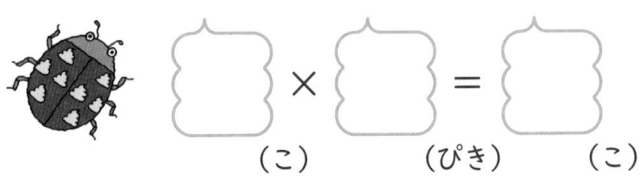

算数

19 かけ算③

月　日　答え→77ページ

名前

とく点　/100点

テスト直し　/100点

1 うんこテープの　ぜんたいの長さは　何cmですか。

しき10点、答え5点〔30てん〕

①

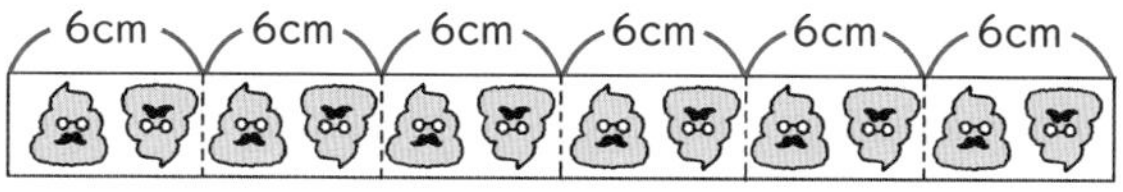

しき

答え ＿＿＿＿

②

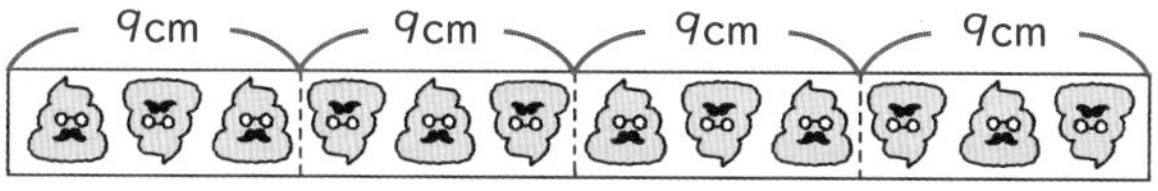

しき

答え ＿＿＿＿

2 うんこを　7こ　あつめると、ダイヤモンド　1こと　交かんしてもらえます。ダイヤモンドを　5こもらうには、うんこが　何こひつようですか。　しき10点、答え10点〔20点〕

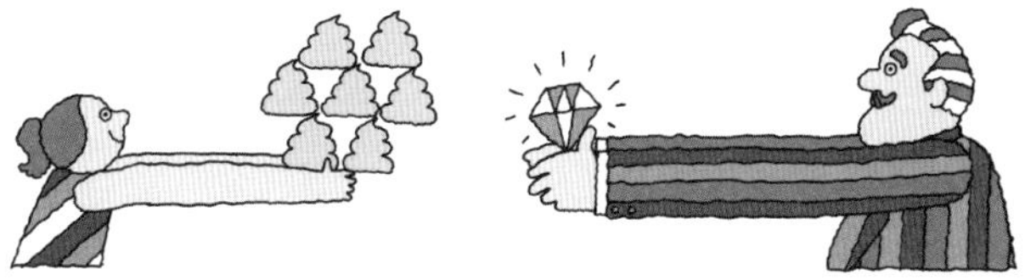

しき

答え ＿＿＿＿

3 □に　あう　数を　書きましょう。

1つ10点〔20点〕

かける数　答え

5 × 6 = 30

1ふえる ↓　↓ □ふえる

5 × 7 = □

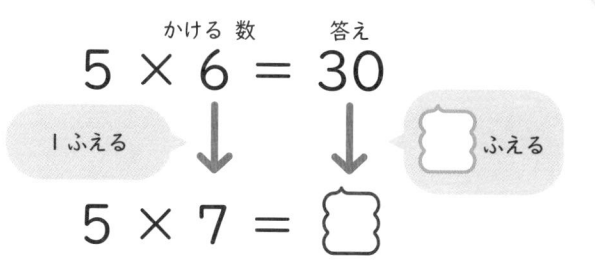

5×6の　かける数が　6から　1ふえると、答えは　30から　□　ふえて、□に　なります。

4 うんこが　ならんでいます。ぜんぶで何こ　あるか、かけ算で　答えをもとめます。

1もん15点〔30点〕

ア

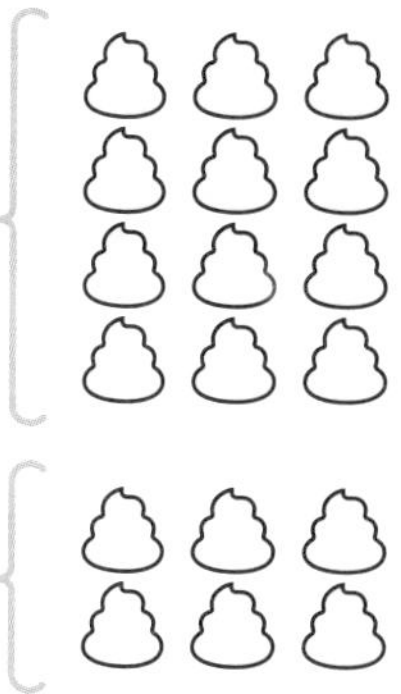

イ

① しきを　2つ　書きましょう。

ア　□ × 3 = □

イ　□ × 3 = □

② アと　イの　答えを　たすと、□ ×3の　答えに　なる。

20 かけ算の　きまり ①

月　　日　答え→77ページ

名前

とく点　／100点

テスト直し　／100点

1 九九の　ひょうを　見て　答えましょう。

		かける　数								
		1	2	3	4	5	6	7	8	9
かけられる　数	1	1	2	3	4	5	6	7	8	9
	2	2	4	6	8	10	12	14	16	18
	3	3	6	9	12	15	18	21	24	27
	4	4	8	12	ア	20	24	28	32	36
	5	5	10	15	20	25	30	イ	40	45
	6	6	12	18	24	30	36	42	48	54
	7	7	14	21	28	35	42	49	56	63
	8	8	16	24	32	40	48	56	64	72
	9	9	18	ウ	36	45	54	63	72	81

① に　かくれた　ア〜ウの　数を　書きましょう。　1つ5点〔15点〕

ア〔　　〕　イ〔　　〕　ウ〔　　〕

② 2のだんと　3のだんの　答えを　たてに　たすと、何のだんの　答えと　同じに　なりますか。〔15点〕

□のだん

③ 8のだんから　7のだんの　答えを　たてに　ひくと、何のだんの　答えと　同じに　なりますか。〔15点〕

□のだん

2 答えが　つぎの　数に　なる　九九を　ぜんぶ　書きましょう。

1つ5点〔30点〕

① 答えが　14

〔　　〕〔　　〕

② 答えが　18

〔　　〕〔　　〕

〔　　〕〔　　〕

3 □に　あう　数を　書きましょう。

1もん5点〔25点〕

① 3 × 4 ＝ 4 × □

② 9 × 5 ＝ □ × 9

③ 4 × 8 ＝ 4 × 7 ＋ □

④ 7 × 5 ＝ 7 × □ ＋ 7

⑤ 8のだんでは　かける　数が　1　ふえるごとに、答えの　数が　□ずつ　ふえます。

21 かけ算（ざん）の　きまり ②

月　　日　答え → 78 ページ

名前

とく点　/100点

テスト直し　/100点

1 九九の　ひょうを　見て、（うんこます）に　あう　数（かず）を　書（か）きましょう。

1つ 10点〔20点〕

		かける　数								
		1	2	3	6	7	8	9	…	10
かけられる　数	1	1	2	3	6	7	8	9	…	10
	2	2	4	6	12	14	16	18	…	20
	3	3	6	9	[illegible]	21	24	27	…	30
	4	4	8	12	[illegible]	28	32	36	…	40
	5	5	10	15	[illegible]	35	40	45	…	50
	6	6	12	18	36	42	48	54	…	60
	7	7	14	21	42	49	56	63	…	70
	8	8	16	24	[illegible]	56	64	72	…	80
	9	9	18	27	[illegible]	63	72	81	…	90

3 × 10の　答（こた）えは、3 × 9の　答（こた）えに　□　を　たした　数（かず）と　同（おな）じに　なります。

3 × 10 ＝ 3 × 9 ＋ □

2 （うんこます）に　あう　数（かず）を　書（か）きましょう。

1もん 15点〔30点〕

① 5 × 10 ＝ 5 × 9 ＋ □

② 4 × 11 ＝ 4 × 9 ＋ □ ＋ □

3 うんこつめほうだいの　店（みせ）で　買（か）った　うんこが　何（なん）こ　あるか　ならべて　しらべます。

① つぎの　考（かんが）え方（かた）に　あう　しきを　書（か）きましょう。

しき1つ 10点〔30点〕

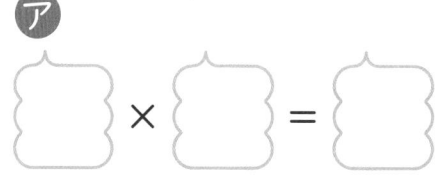

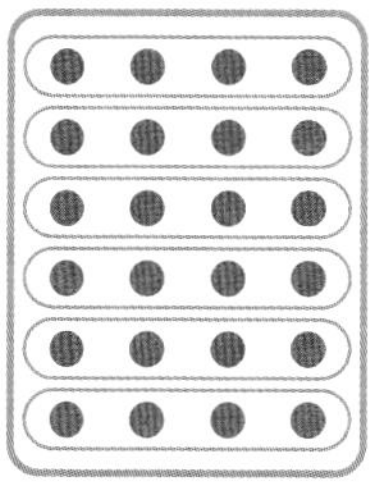

ア □ × □ ＝ □

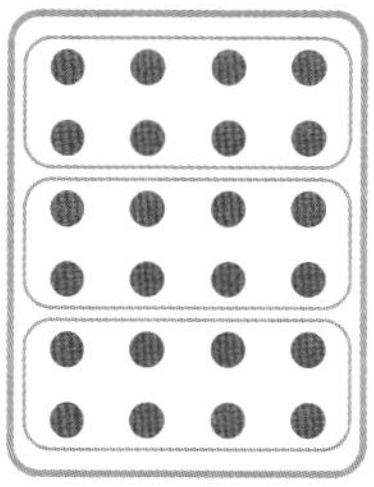

イ □ × □ ＝ □

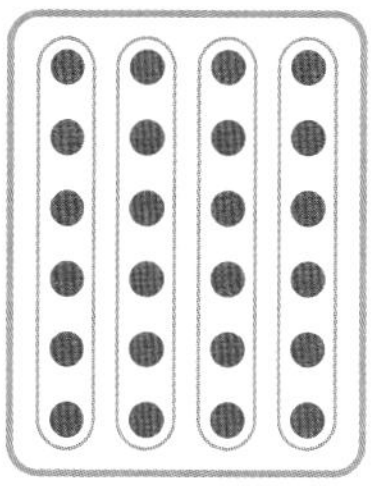

ウ □ × □ ＝ □

② 同（おな）じ　数（かず）ずつ　●を　かこんで、それに　あう　かけ算（ざん）の　しきを　書（か）きましょう。

〔20点〕

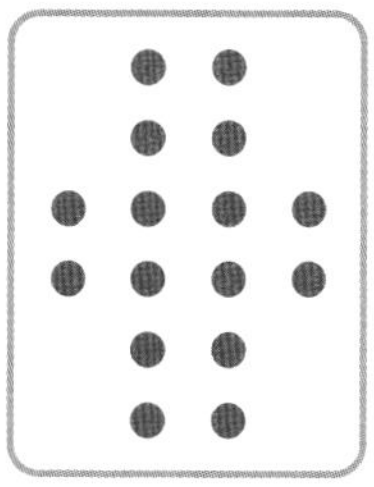

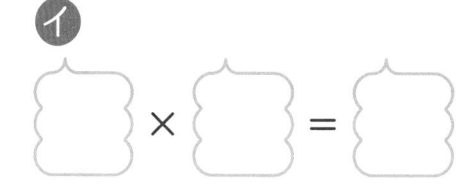

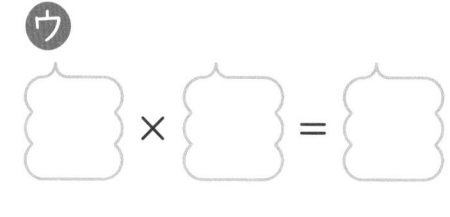

□ × □ ＝ □

算数 22 長い 長さ

名前

とく点　/100点

テスト直し　100/100点

1 □に あう 数を 書きましょう。 1もん5点〔15点〕

① 1mは、□cmです。

② 1mの テープを 3本 よこに ならべた 長さは、□mで、□cmです。

③ ②から テープを 30cm きると □cmで、□m□cmです。

2 □に あう 数や たんいを 書きましょう。 1もん5点〔25点〕

① 5m = □cm

② 437cm = □m□cm

③ 3m90cm = □cm

④ 7m7cm = □cm

⑤ 学校の プールの、たての 長さは 25□

3 長い じゅんに 記ごうを ならべましょう。 〔20点〕

ア 2m　イ 1m89cm　ウ 193cm

長い〔　〕→〔　〕→〔　〕みじかい

4 とんだ 長さと 同じ 長さの うんこを する 鳥が、10m50cmと 40cmの うんこを しました。この 鳥は、何m何cm とびましたか。 しき10点、答え10点〔20点〕

しき

答え ________

5 はなの 長さが 2mの てんぐが うんこを すると、13m70cmまで はなが のびました。
のびた 長さは 何m何cmですか。 しき10点、答え10点〔20点〕

しき

答え ________

算数

23 10000までの 数①

月　日　答え→78ページ

名前

とく点　／100点

テスト直し　／100点

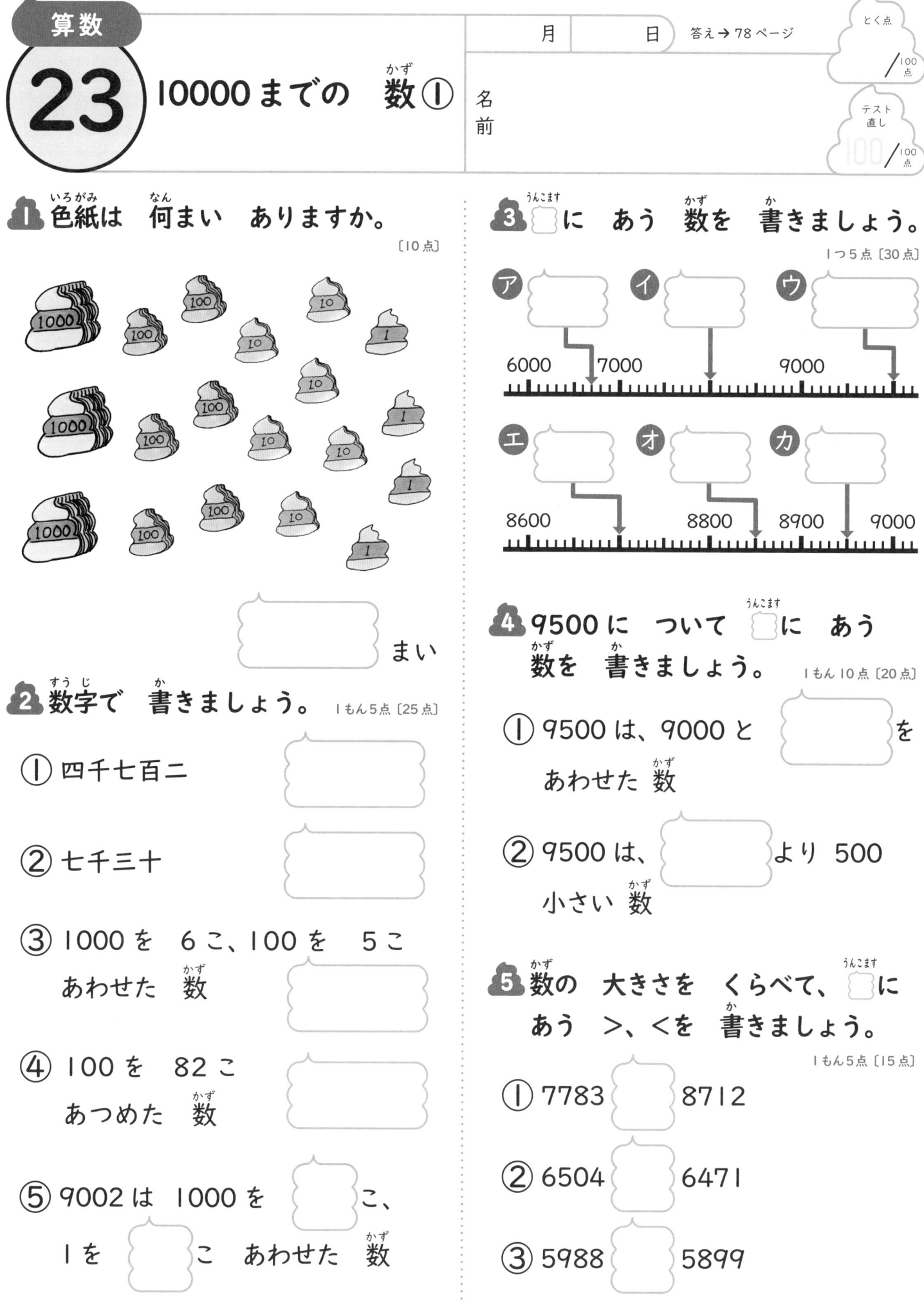

1 色紙は 何まい ありますか。

〔10点〕

□まい

2 数字で 書きましょう。

1もん5点〔25点〕

① 四千七百二 □

② 七千三十 □

③ 1000を 6こ、100を 5こ あわせた 数 □

④ 100を 82こ あつめた 数 □

⑤ 9002は 1000を □こ、1を □こ あわせた 数

3 □に あう 数を 書きましょう。

1つ5点〔30点〕

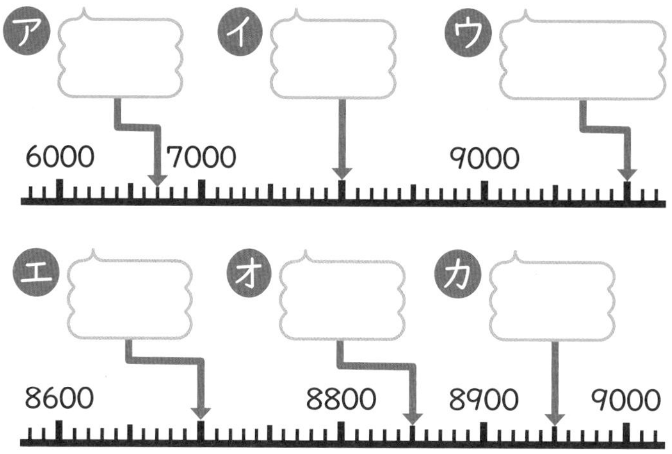

4 9500に ついて □に あう 数を 書きましょう。

1もん10点〔20点〕

① 9500は、9000と □を あわせた 数

② 9500は、□より 500 小さい 数

5 数の 大きさを くらべて、□に あう >、<を 書きましょう。

1もん5点〔15点〕

① 7783 □ 8712

② 6504 □ 6471

③ 5988 □ 5899

算数

24 10000までの 数②

月　日　答え→78ページ

名前

とく点　/100点

テスト直し　/100点

1 数字を 1つ 入れて 4けたの 数に します。□に あう 0～9までの 数字を ぜんぶ 書きましょう。〔10点〕

5632＜5□32

〔　　　〕

2 4まいの うんこカードを ならべかえて、4けたの 数を 作りましょう。1もん 10点〔20点〕

① いちばん 大きい 数

〔　　　〕

② いちばん 小さい 数

〔　　　〕

3 つぎの 数を 書きましょう。1もん 5点〔10点〕

① 9990より 10 大きい 数

② 10000より 1000 小さい 数

4 計算を しましょう。1もん 10点〔30点〕

① 500＋700

② 300＋800

③ 1000－300

5 うんこを 600こ つかった しろを もっと 大きく する ために、さらに うんこを 800こ つかいました。うんこは あわせて 何こ つかいましたか。しき 10点、答え5点〔15点〕

しき

答え

6 きょ大ピラミッドから、1000体の ミイラが はっ見されました。中を 見ると、600体は うんこでした。のこりの ミイラは 何体ですか。しき 10点、答え5点〔15点〕

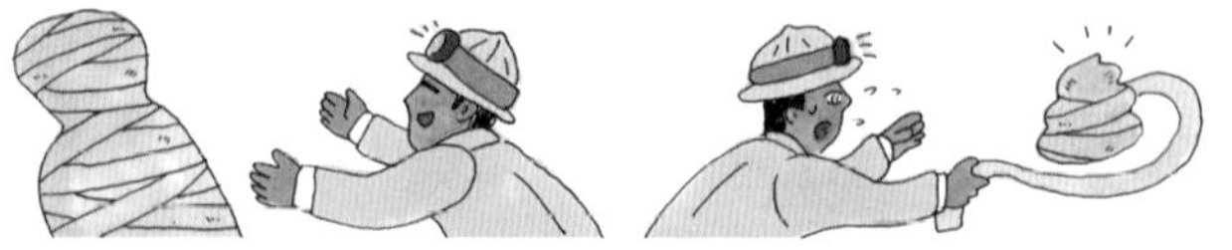

しき

答え

算数

25 はこの 形

月　日　答え→78ページ

名前

とく点　/100点

テスト直し　/100点

1 ①～③の 名前を 書きましょう。

1もん5点〔15点〕

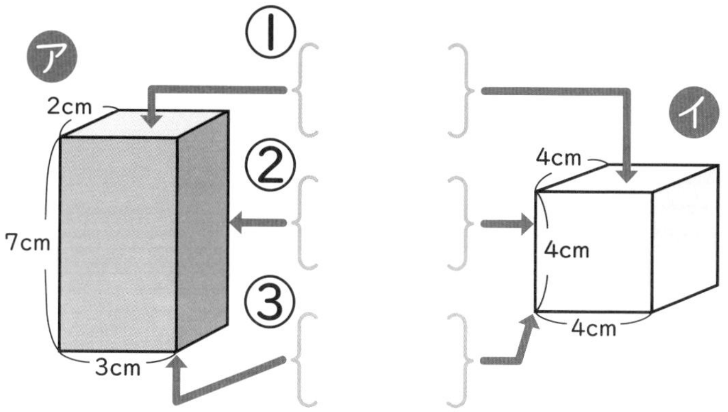

2 1の アイの はこの めんの 形は どちらですか。

1つ5点〔10点〕

正方形〔　　〕　長方形〔　　〕

3 はこの 形を 見て、それぞれの 数が いくつ あるか 書きましょう。

1もん5点〔25点〕

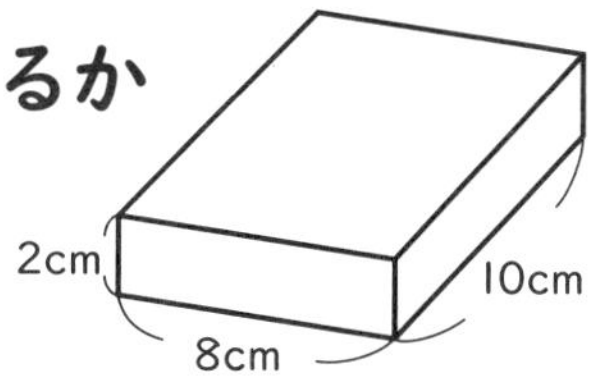

① めんの 数〔　　〕つ

② へんの 数〔　　〕本

③ ちょう点の 数〔　　〕つ

④ 同じ 形の めんの 数〔　　〕つずつ

⑤ 同じ 長さの へんの 数〔　　〕本ずつ

4 ひごと うんこ玉を つかって はこの 形を 作ります。つぎの 数を 書きましょう。

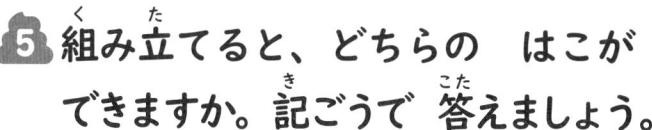

1もん10点〔30点〕

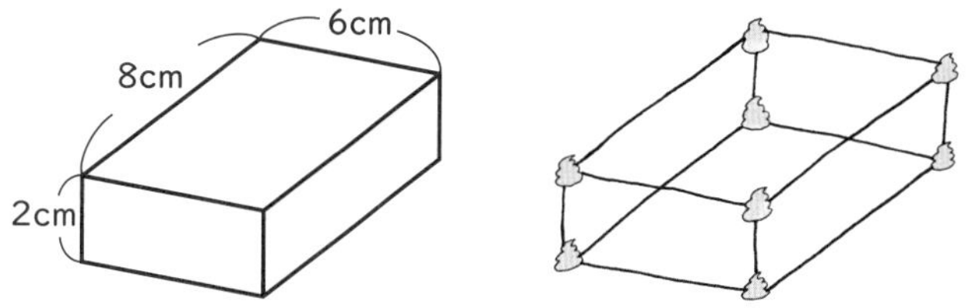

①2cmの ひごの 数〔　　〕本

②6cmの ひごの 数〔　　〕本

③うんこ玉の 数〔　　〕こ

5 組み立てると、どちらの はこが できますか。記ごうで 答えましょう。

1もん10点〔20点〕

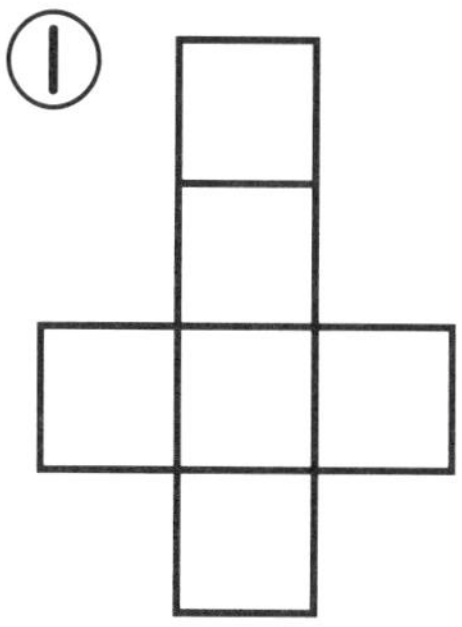

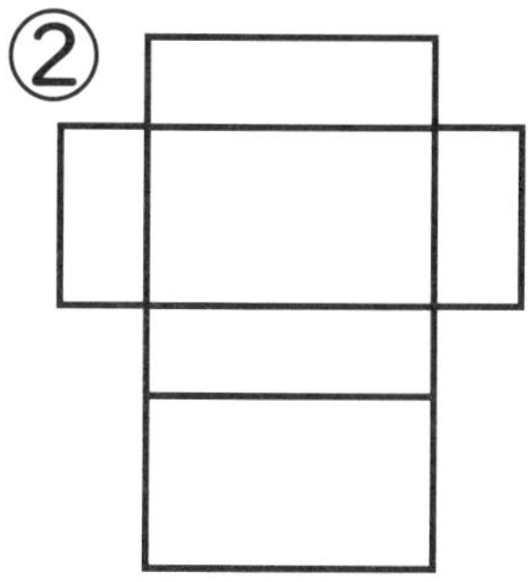

〔　　〕　〔　　〕

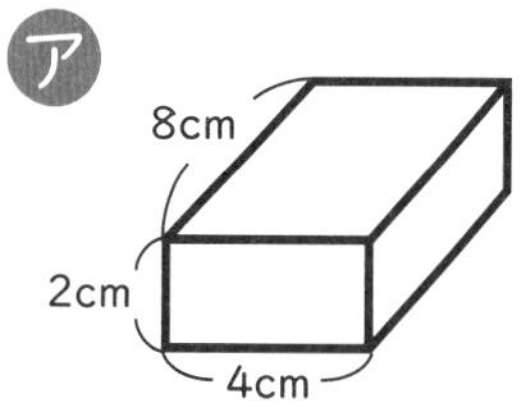

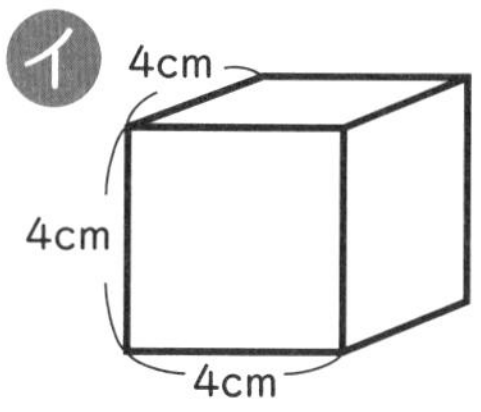

算数

26 分数

月　日　答え→78ページ

名前

とく点　／100点

テスト直し　／100点

1 うんこつめしょく人が　いろいろな　はこに　うんこを　きれいに　つめて　います。うんこを　つめた　ぶぶんは　もとの　大きさの　何分の一ですか。

1もん5点〔20点〕

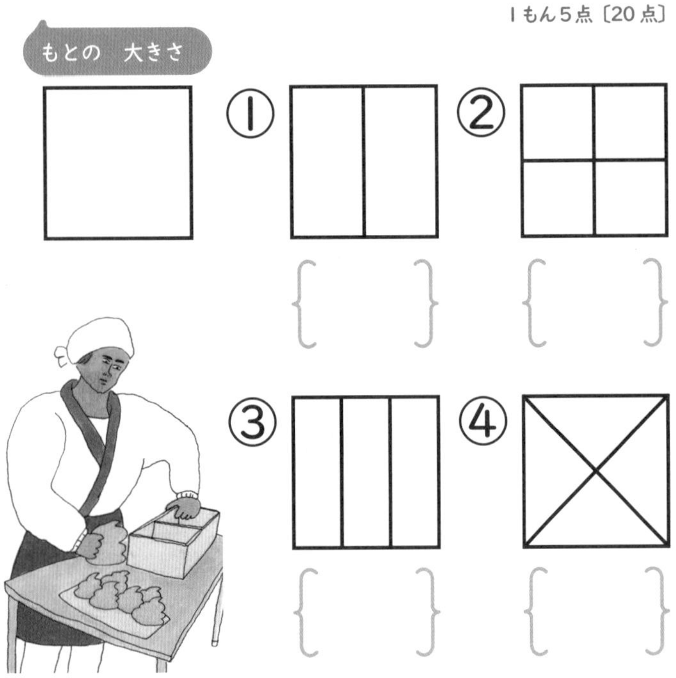

①〔　　〕　②〔　　〕　③〔　　〕　④〔　　〕

2 つぎの　うんこテープは　もとの　長さの　$\frac{1}{2}$　です。もとの　長さは　ア〜ウの　どれですか。

〔10点〕

〔　　〕

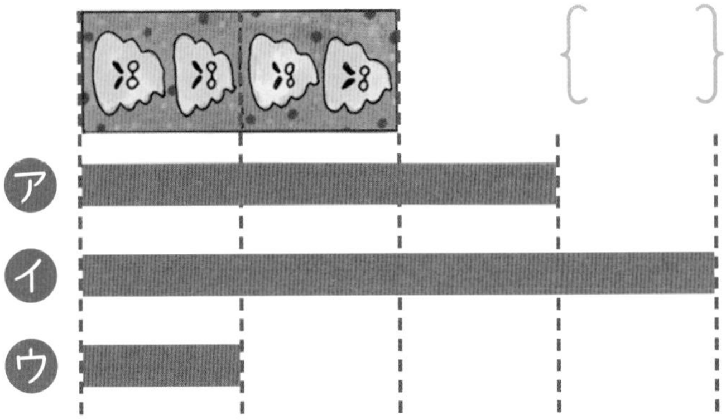

3 つぎの　大きさに　色を　ぬりましょう。

1もん10点〔40点〕

① $\frac{1}{2}$

② $\frac{1}{4}$

③ $\frac{1}{8}$

④ $\frac{1}{3}$

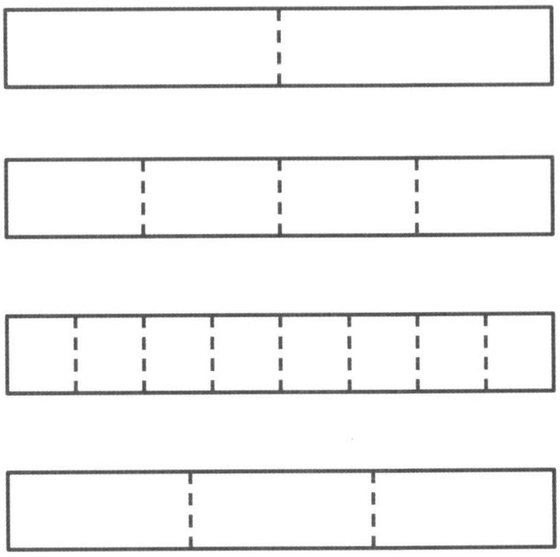

4 うんこが　12こ　あります。□に　あう　数を　書きましょう。

1もん15点〔30点〕

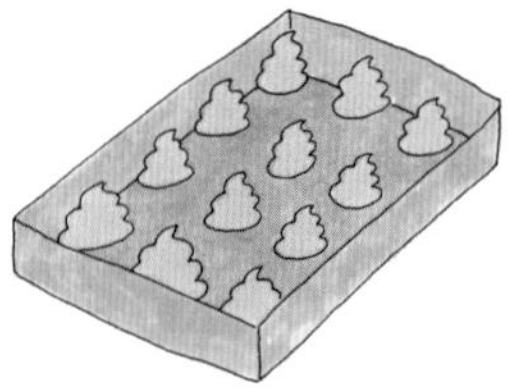

①

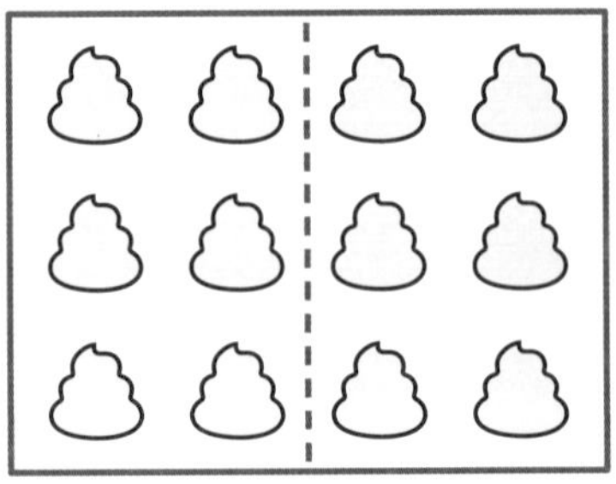

12この　$\frac{1}{2}$　は、□こ

②

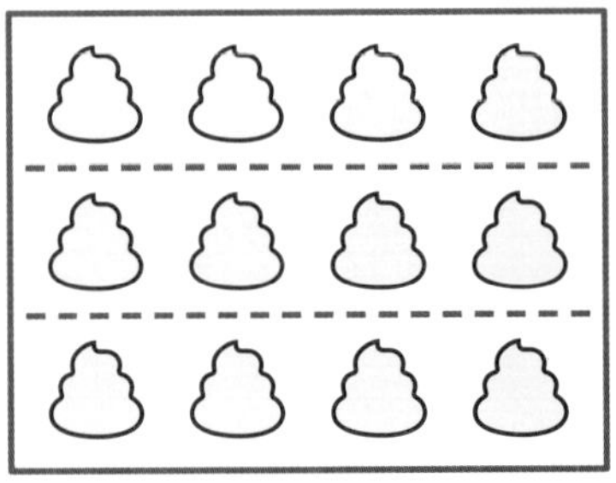

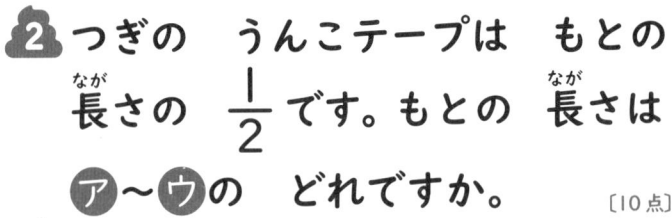

12この　$\frac{1}{3}$　は、□こ

算数

27 図を　つかって　考えよう ①

月　　日　答え → 79 ページ

名前

とく点　／100点

テスト直し　／100点

1 交番に　おとしものの　うんこが、先月は　25 こ　とどいて、今月は　45 こ　とどきました。交番に　とどいた　うんこは　ぜんぶで　何こですか。

しき 15 点、答え 10 点〔25 点〕

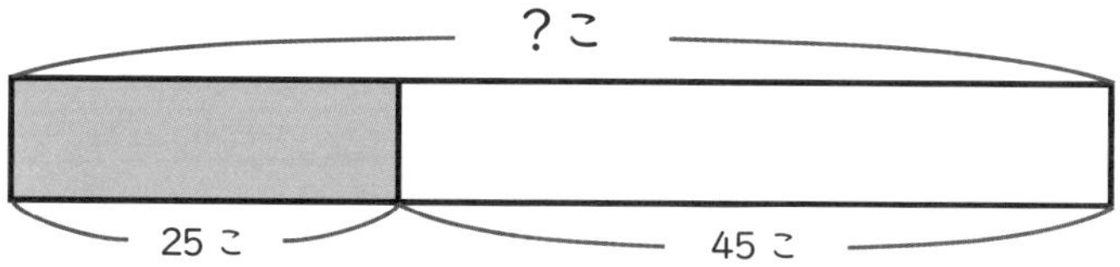

しき

答え

2 うんこを　頭に　のせた　さるが　16 ぴき　おんせんに　入って　いました。兄を　よびに　いって　もどると、さるが　47 ひきに　ふえて　いました。何びき　ふえましたか。

しき 15 点、答え 10 点〔25 点〕

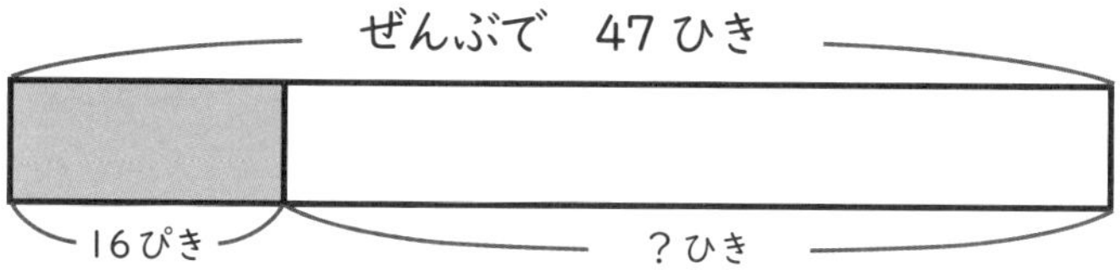

しき

答え

3 うんこを　さした　三角コーンが　いくつか　あります。となり町の　小学校に　23 本　かすと、のこりが　12 本に　なりました。はじめに　あった　数は　何本でしたか。

しき 15 点、答え 10 点〔25 点〕

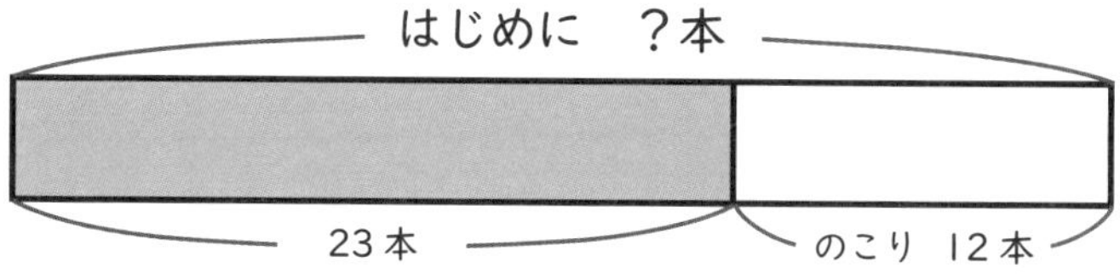

しき

答え

4 2年生　94人が、げきで　うんこの　やくと　人間の　やくを　自分で　えらぶと、人間の　やくが　39人でした。うんこの　やくは　何人ですか。

しき 15 点、答え 10 点〔25 点〕

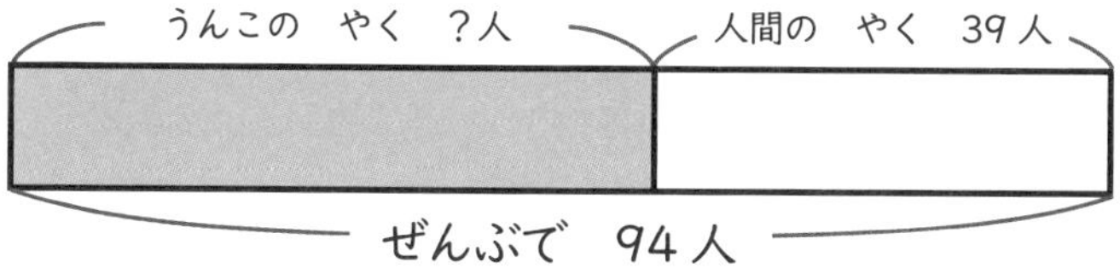

しき

答え

算数

28 図を　つかって　考えよう②

月　　日　答え→79ページ

とく点　/100点

テスト直し　/100点

名前

1 うんこを　頭に　のせたまま　なわとびで　五回　とべる　人が　56人　います。五回　とべる　人は　二回だけ　とべる　人より、17人　少ないです。二回だけ　とべる　人は　何人ですか。

しき15点、答え10点〔25点〕

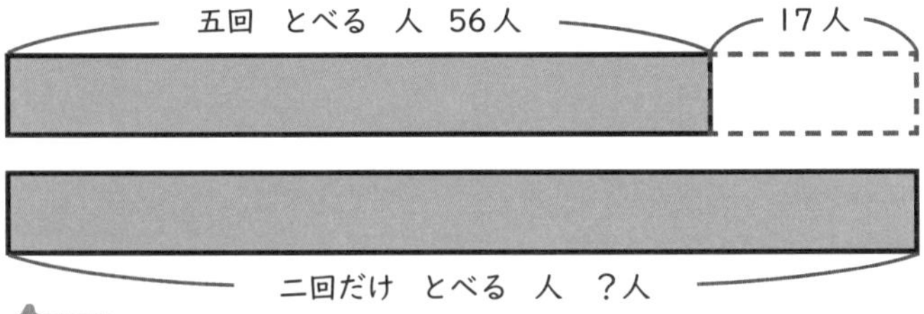

しき

答え ＿＿＿＿＿＿

2 うんこおばけを　見た　人は　88人　いて、見て　いない　人より　9人　多いそうです。
うんこおばけを　見て　いない　人は　何人ですか。

しき15点、答え10点〔25点〕

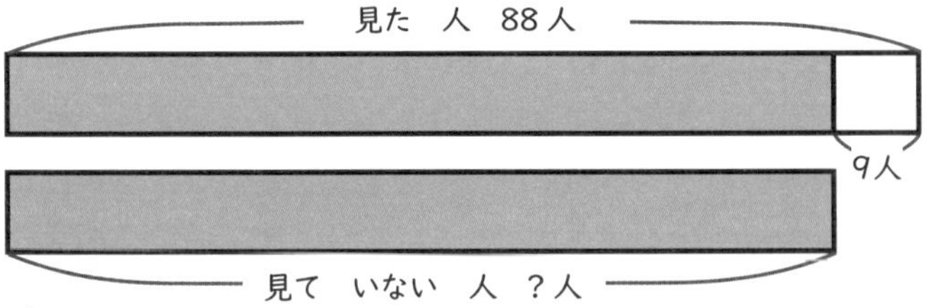

しき

答え ＿＿＿＿＿＿

3 ①と　②の　もんだい文に　あう　図と　しきを　えらんで、それぞれ　記ごうで　答えましょう。

図15点、しき10点〔50点〕

① もえる　うんこが　35こ　あります。この　数は　もえない　うんこより　25こ　多いそうです。もえない　うんこは　何こ　ありますか。

図｛　　｝　しき｛　　｝

② カラフルな　うんこが　35こ　あります。白黒の　うんこは　カラフルな　うんこより　25こ　多いです。白黒の　うんこは　何こ　ありますか。

図｛　　｝　しき｛　　｝

ア

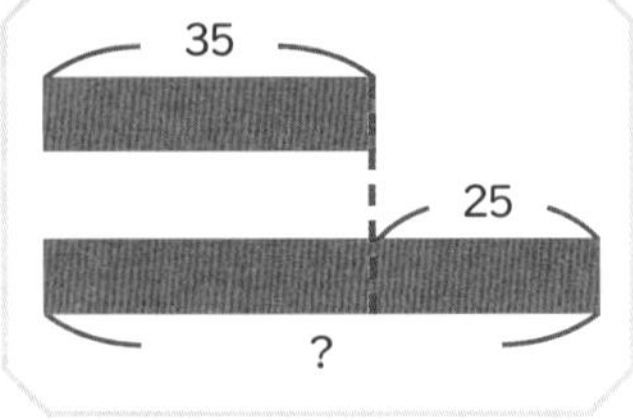

イ

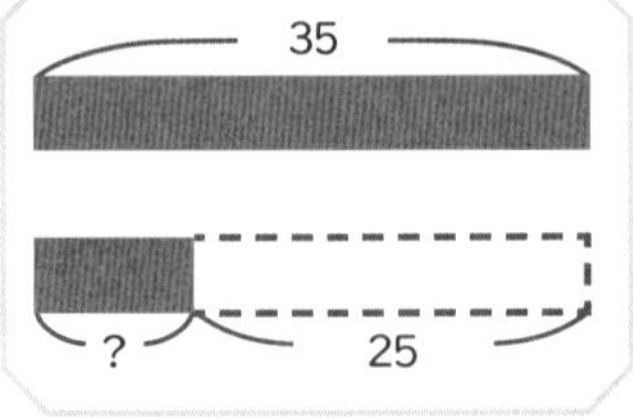

ウ　35 − 25

エ　35 + 25

算数

29 算数　そうしあげ①

月　日　答え→79ページ

とく点　/100点

テスト直し　/100点

名前

1 すきな　うんこの　形を　14人に　聞きました。人数が　いちばん　多い　形と　人数が　いちばん　少ない　形との　人数の　ちがいは　何人ですか。〔15点〕

［すきな　うんこの　形］

○			
○			○
○		○	○
○	○	○	○
○	○	○	○

〔　　〕人

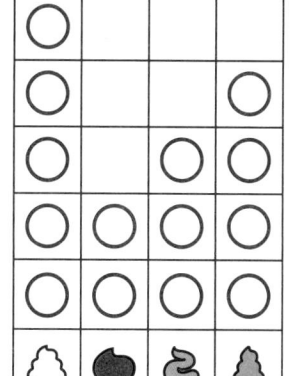

2「うんこの　ひみつ」に　ついて　午前9時から　午後2時まで　考えました。考えて　いた　時間は　何時間ですか。〔15点〕

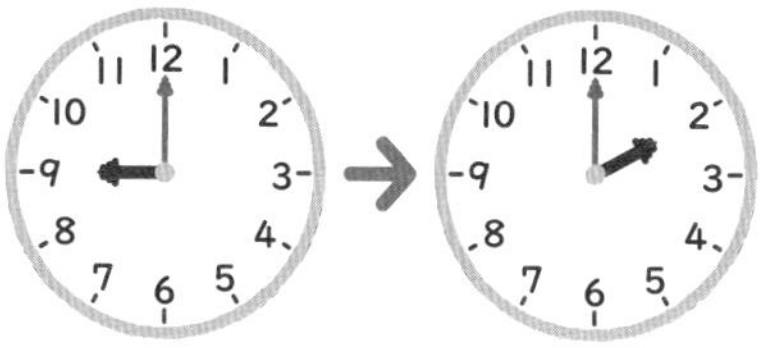

〔　　〕時間

3 計算を　しましょう。　1もん5点〔20点〕

① $65 + 22$

② $17 + 74$

③ $79 - 37$

④ $52 - 9$

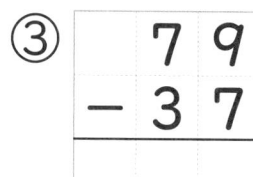

4 □に　あう　数を　書きましょう。　1もん5点〔15点〕

① 8cm3mm =　　mm

② 3L 2dL =　　dL

③ 1dL =　　mL

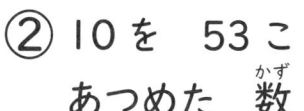

5 つぎの　数を　書きましょう。　1もん5点〔15点〕

① 100を　8こ、1を　5こ　あわせた　数　〔　　〕

② 10を　53こ　あつめた　数　〔　　〕

③ 990より　10　大きい　数　〔　　〕

6 ひっ算で　しましょう。　1もん5点〔20点〕

① 43+86　② 98+83

③ 132−16　④ 162−79

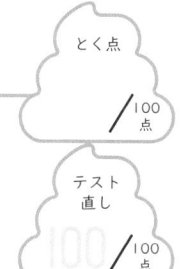

30 算数(さんすう) そうしあげ②

月　　日　答え→79ページ

答え→79ページ

とく点　/100点

テスト直し　/100点

名前

1 テレビゲームで　うんこを　552こ　あつめました。うんこの　数(かず)を、ひっ算(さん)で　もとめましょう。　1もん15点〔30点〕

① 青ボタンを　おすと、うんこが　39こ　もらえました。552こから　何こに　なりましたか。

② 赤ボタンを　おすと、うんこが　39こ　とられました。552こから　何こに　なりましたか。

2 つぎの　形(かたち)は　どれですか。ア～エで　答(こた)えましょう。　1つ5点〔15点〕

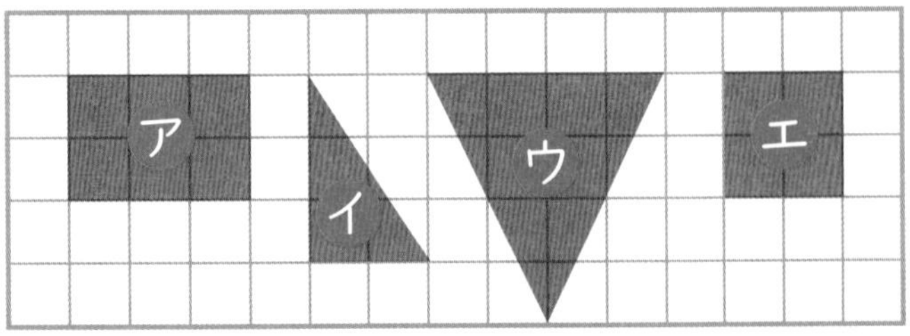

直角三角形(ちょっかくさんかくけい)〔　　〕　長方形(ちょうほうけい)〔　　〕　正方形(せいほうけい)〔　　〕

3 計算(けいさん)を　しましょう。　1もん5点〔25点〕

① 1×6　② 7×3

③ 4×8　④ 6×2

⑤ 9×7

4 つぎの　数(かず)を　書(か)きましょう。　1もん5点〔15点〕

① 1000を　6こ、10を　4こ　あわせた　数(かず)　〔　　〕

② 100を　81こ　あつめた　数(かず)　〔　　〕

③ 10000より　1　小さい　数(かず)　〔　　〕

5 つぎの　はこの　形(かたち)に　めん、へん、ちょう点(てん)は　いくつ　ありますか。　1つ5点〔15点〕

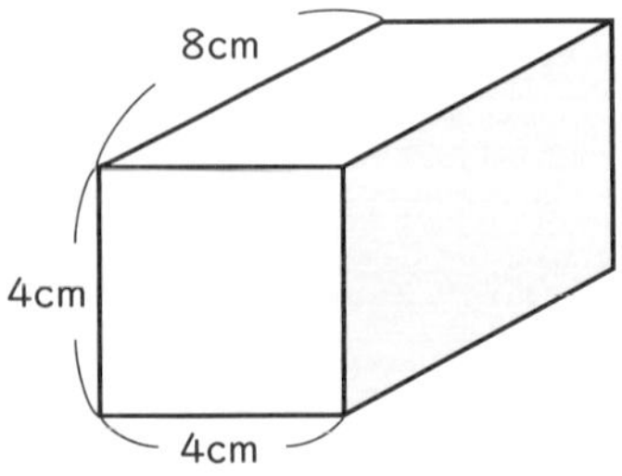

めん〔　　〕つ

へん〔　　〕本

ちょう点(てん)〔　　〕つ

生活

1 町たんけんを しよう！

月　日　答え→80ページ

名前

とく点 ／100点

テスト直し ／100点

1 町たんけんで　見られる　場しょと　あう　名前を　―で　つなぎましょう。

1つ5点〔30点〕

① 

② 

③ 

④ 

⑤ 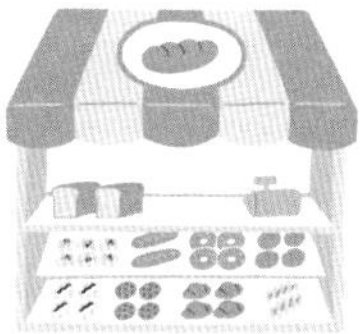

⑥ 

ア　スーパーマーケット

イ　交番

ウ　図書かん

エ　じどうかん

オ　びょういん

カ　パンやさん

2 町に　ある　しせつで　はたらく　人に　あう　文を　―で　つなぎましょう。

1つ10点〔30点〕

① 

② 

③ 

ア　じけんの　かいけつを　したり、交通の　あんぜんを　まもる。

イ　火じなどが　おきた　ときに、まっ先に　むかう。

ウ　手紙を　うけとり、あて先まで　とどける。

3 町たんけんで　インタビューを　する　ときに　すると　よい　ことには　○を、よくない　ことには　×を　つけましょう。

1つ10点〔40点〕

①〔　　〕はじめと　おわりに　きちんと　あいさつする。

②〔　　〕しょうひんに　うんこシールを　かってに　はる。

③〔　　〕いそがしそうでも　気に　しないで　話しつづける。

④〔　　〕しつもんする　ことを　先に　考えて　おく。

生活

2 野さいを そだてよう！

月　　日　答え→80ページ

名前

とく点　/100点

テスト直し　/100点

1 ミニトマトに ついて 答えましょう。

1もん10点〔20点〕

ア

イ

ウ

エ

① ア～エの ミニトマトの せい長の すがたを 正しい じゅんに ならべましょう。

〔　〕→〔　〕→〔　〕→〔　〕

② アの ときの せわの しかたと して、より よい もの 2つに ○を つけましょう。

しちゅうと ひもで むすぶ。

水やりは 1週間に 1回。

うんこの 形の はちに かえる。

カ〔　〕　キ〔　〕　ク〔　〕

2 ア～エの 野さいの 名前を わくから えらんで 書きましょう。

1つ10点〔40点〕

ア

イ

ウ

エ
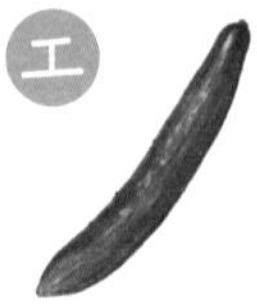

ア〔　　〕　イ〔　　〕

ウ〔　　〕　エ〔　　〕

ピーマン　ナス　キュウリ　オクラ

3 野さいの なえの うえ方と して 正しい じゅんに なるように、〔　〕に 番ごうを 書きましょう。

1つ10点〔40点〕

ア 土に なえの 入る 大きさの あなを ほる。〔　〕

イ 水を やる。〔　〕

ウ なえを いれものから 出して、土に うえる。〔　〕

エ うえた なえの ねもとに 土を かけて、かるく おさえる。〔　〕

生活

3 生きものと いっしょ！

月　日　答え → 80ページ

名前

とく点　/100点

テスト直し　/100点

1 それぞれの　きせつで　よく　見かける　生きものの　図です。

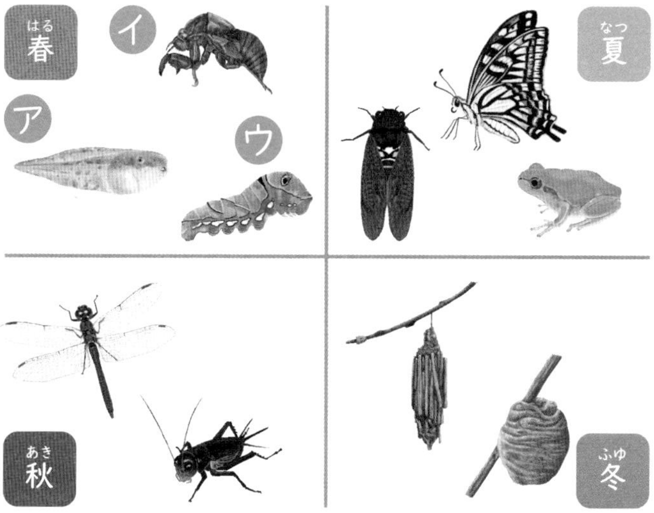

① ア、ウの　名前を　わくから　えらんで　書きましょう。　1つ10点〔20点〕

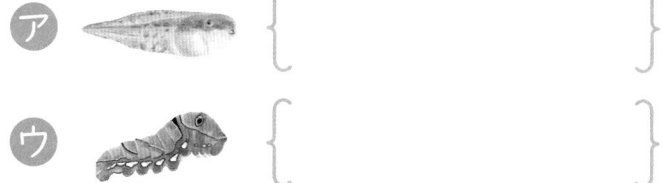

ア 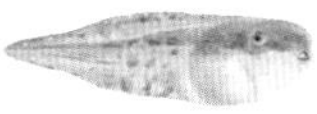 ［　　　　］

ウ  ［　　　　］

あおむし・コオロギ・オタマジャクシ

② ア～ウが　せい長した　すがたを　―で　つなぎましょう。　1つ10点〔30点〕

ア・　イ・　ウ・

・セミ　・カエル　・アゲハ

2 生きものの　そだて方で　正しい　方に　○を　つけましょう。　1もん10点〔20点〕

① 足が　生えた　オタマジャクシ

ア 
りくを　つくらない
［　　］

イ 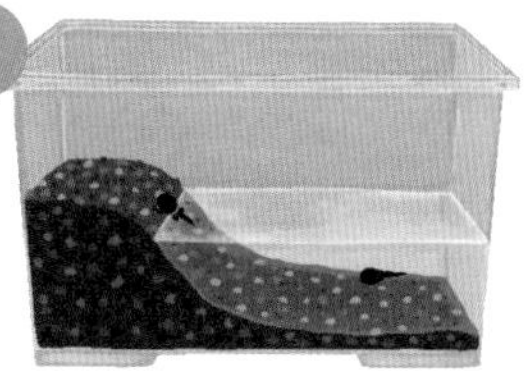
りくを　つくる
［　　］

② アゲハの　子ども

ア 
はの　ある　えだ
［　　］

イ 
はの　ない　えだ
［　　］

3 冬から　春に　かけて、おとなに　なる　前の　すがたで　冬を　こす　虫が　います。それぞれ　―で　つなぎましょう。　1もん10点〔30点〕

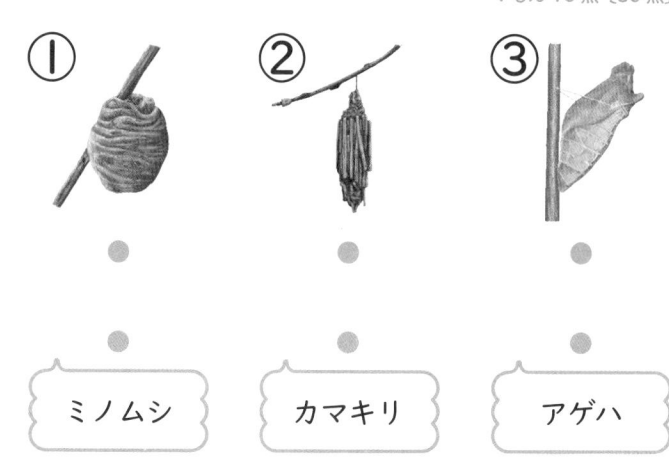

① 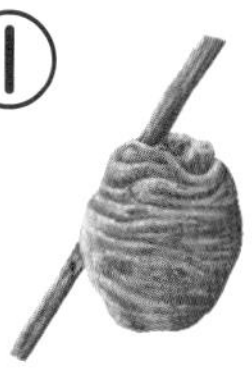
・

② 
・

③ 
・

・ミノムシ　・カマキリ　・アゲハ

生活

4 もっと　町たんけんを しよう！

月　　日　答え→80ページ

名前

とく点　／100点

テスト直し　／100点

1 図書かんの　ことを　書いた　文　すべてに　○を　つけましょう。

〔すべてできたら20点〕

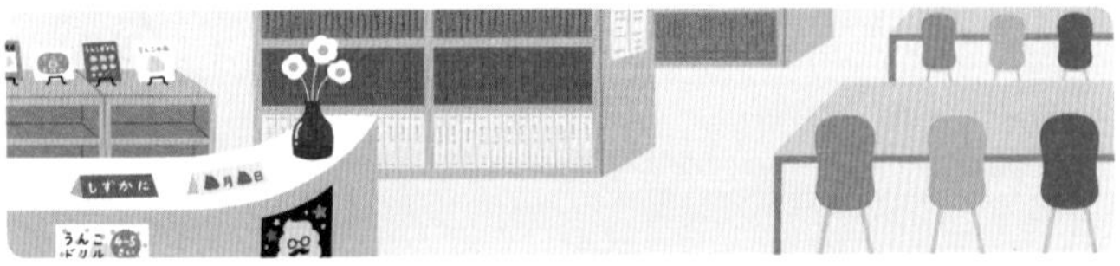

ア〔　〕ほかの　人の　めいわくに　ならないよう、　さわがず　しずかに　する。

イ〔　〕生活に　ひつような　ものを　ほとんど　そろえる　ことが　できる。

ウ〔　〕カウンターで　本を　かりたり　かえしたり　する　ことが　できる。

2 電車や　バスの　正しい　のり方　すべてに　○を　つけましょう。

〔すべてできたら20点〕

ア〔　〕れつに　なり、じゅん番を　まもって　のる。

イ〔　〕行き先を　たしかめて　りょう金を　よういして　おく。

ウ〔　〕友だちと　大声で　話す。

3 電車や　バスの　ゆう先せきマークの　ことを　せつ明しましょう。

1つ10点〔20点〕

高れいしゃや〔　　　〕の　ふじゆうな　人、〔　　　〕などに　ゆう先てきに　ゆずる　せきが　ある　ことを　つたえる　マーク。

にんぷ　　体　　うんこ

4 町で　見かけた　いろいろな　くふうに　ついて、文に　あう　絵を　えらびましょう。

1もん20点〔40点〕

ア

イ

ウ

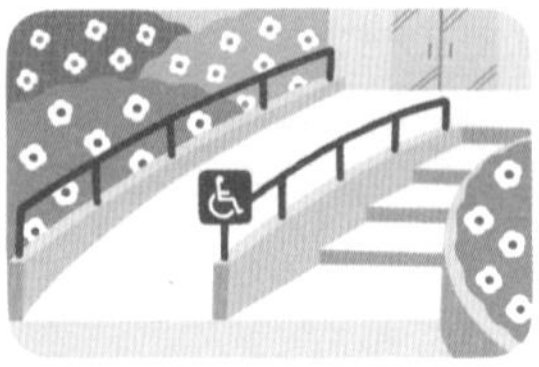

エ

① 体の　ふじゆうな　人の　ための　もの〔　　〕〔　　〕

② 子どもの　ための　もの〔　　〕〔　　〕

5 作(つく)る　楽(たの)しさ、あそぶ　楽(たの)しさ！

月　日　答え→80ページ

名前

とく点　/100点

テスト直し　100 /100点

1 ①～④の　おもちゃは　どんな　力を　つかいますか。ア～エから　えらびましょう。

1もん 10点〔40点〕

①

〔　　〕の 力

②

〔　　〕の 力

③

〔　　〕を つたえる 力

④

〔　　〕の 力

ア ゴム　イ じ石(しゃく)　ウ 音　エ 風(かぜ)

2 あ～うは、1の　①～④の　どの　せつ明(めい)ですか。

1つ 10点〔30点〕

あ ゴムが　のびてから　元(もと)に　もどろうと　する　力で　とびはねる。〔　　〕

い うちわで　風(かぜ)を　おくって　車を　走(はし)らせる。〔　　〕

う じ石(しゃく)の　ついた　つりざおで　くっつけて　えものを　とる。〔　　〕

3 つぎの　おもちゃを　作(つく)る　ときに　つかって　いない　ざいりょうは　どれですか。

〔10点〕

〔　　〕

ア 牛(ぎゅう)にゅうパック
イ ペットボトルキャップ
ウ 竹ぐし
エ 食(しょく)ひんトレー
オ わゴム

4 どうぐの　つかい方(かた)が　正しい　方(ほう)を　○(まる)で　かこみましょう。

1つ 5点〔20点〕

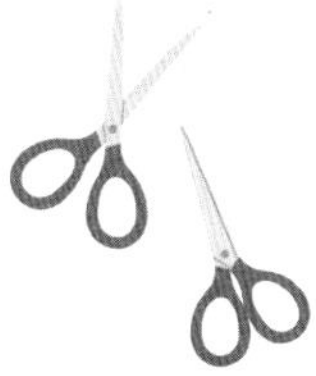

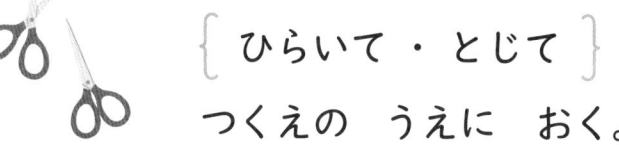

ア はさみは　〔ひらいて・とじて〕　つくえの　うえに　おく。

イ カッターは　はの　通(とお)り道(みち)に　手を　〔おく・おかない〕。

ウ のりは　ふたを　〔あけて・しめて〕　おく。

エ はさみ・カッターを　わたす　ときは、はを　人に　〔むけない・むける〕。

生活

6 ２年生の せい長ノート！

月　　日　答え → 80ページ

名前

とく点　／100点

テスト直し　／100点

1 生まれた　ときや　小さかった　ころの　ようすを　しらべます。

① だれに　話を　聞きましたか。〔10点〕

ア｛　　｝　イ｛　　｝　ウ｛　　｝

ほごしゃ

園の　先生

そのほかの　大人

② どのような　もので　しらべましたか。〔10点〕

ア｛　　｝

イ｛　　｝

ウ｛　　｝

エ｛　　｝

③ つぎの　ことが　できたのは　いつごろの　ことでしたか。　１つ10点〔20点〕

ア 歩けるように　なった　年れい

｛　　　　　　　　｝

イ はじめて　ことばを　話した　年れい

｛　　　　　　　　｝

2 ２年生で　さらに　できるように　なった　ことに　○を　つけましょう。〔10点〕

ア｛　　｝　イ｛　　｝　ウ｛　　｝

なわとび

てつぼう

ふくを　たたむ

3 2の　ほかに　できるように　なった　ことを　絵や　文で　かきましょう。〔20点〕

4 かんしゃを　つたえたい　人と、つたえたい　ことを　書きましょう。　１つ15点〔30点〕

［だれに？］

［つたえたい　こと］

うんこ全科テスト　小学2年生

答え&アドバイス

- 間違いは解き直したり、答えを見ながら直したりしましょう。
- アドバイスは、その単元で外せないポイントをまとめています。保護者の方は指導の参考にしてください。

国語

①一年生で　ならった　かん字の　読み　3ページ

1 ①つち　②うえ　③やす　④えん　⑤やま・た　⑥しろ・あか

2 ①おお　②いぬ　③がく　④じ　⑤みぎ　⑥いし

1 1年生で学習したことを思い出し、間違えた読み方は振り返ってしっかり覚えるように練習しましょう。

2 ①と②、③と④、⑤と⑥が形の似ている漢字どうしです。漢字をよく見て答えるようにしましょう。

②一年生で　ならった　かん字の　書き　4ページ

1 ①音　②男　③天　④糸　⑤出・雨　⑥火・水

2 ①千　②先　③木　④気　⑤小　⑥正

1 すべて1年生で学習した漢字です。間違えた漢字は、何度も練習して書けるようにしましょう。

2 ①と②、③と④、⑤と⑥が同じ読みの漢字です。文をよく読んで、それに合う漢字を書くようにしましょう。

③文の　組み立て　5ページ

1 ①を　②は　③へ

2 ①兄わ（は）、大きな　うんこお（を）　もち上げた。

②うんこお（を）　空え（へ）　むかって　とばした。

3 ①キツツキが　②兄が　③風が

4 ①見る　②おちた　③はまった　④とびこえた

1 言葉をつなぐ「は・を・へ」は言葉の後につけます。「ワ・オ・エ」と発音しますが、「わ・お・え」とは書かないことを確認しましょう。

2 間違っている字を2つずつ見つけることをしっかりと確認してから取り組むようにしましょう。

3 文の中で「～が」に当たる言葉を探すようにしましょう。

4 文の中で「どうする（どうした）」に当たる動作を表す言葉を探すようにしましょう。

④カタカナの　ことば　6ページ

1 ①ツ　②ソン　③ット　④ガー　⑤ジャ　⑥ャッ

2 ①モップ　②チョーク

3 ①ふらみんご（フラミンゴ）　②くっしょん（クッション）

1 ①②「ツ」「ソ」「ン」は間違えやすいカタカナなので、字の形をしっかりと覚えて正確に書けるようにしましょう。③⑤⑥の小さく書く字は、ますの右上に書きましょう。

2 ①「も・モ」はひらがなとカタカナの字の形が似ているので、混同しないようにしましょう。②小さい「ョ」と長音の「ー」の語順に気をつけましょう。

3 線を引くだけでなく、カタカナで書き直すことも忘れないようにしましょう。

⑤かん字の　読み書き①　7ページ

1 ①とも　②ちち　③かお　④とり　⑤こころ・こえ　⑥うし・うま

2 ①兄　②弟　③妹　④姉　⑤首　⑥毛

1 ③「顔」と字の形が似ている「頭（あたま）」と混同しないようにしましょう。

2 ③「妹」と④「姉」は左側（へん）が共通している漢字です。反対に書いてしまわないように「あね」の漢字、「いもうと」の漢字をそれぞれしっかり覚えるようにしましょう。

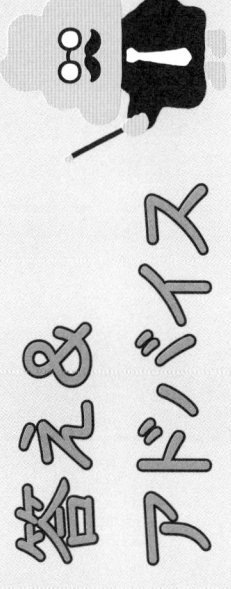

⑥ かん字の　読み書き②　8ページ

1 ① いけ　② はね　③ たに　④ いわ
⑤ あさ・ゆき　⑥ かぜ・ふゆ

2 ① 夜　② 星　③ 春　④ 晴　⑤ 昼　⑥ 野

1 ⑤時間を表す「朝」「昼」「夜」の読み方をしっかり区別できるようにしましょう。

2 ①「夜」の右下の部分の字形が難しいです。間違えたら正しい字をよく見て形を覚えましょう。

⑦ 文しょうの　読みとり①　9ページ

1 ①（順不同）たつき・こういち
②（れい）うんこをけった
③ あ
④ い

1 ① 最初の文から登場人物を確認しましょう。
② アーの前の部分に、「たつき」が力いっぱいうんこをけったことが書かれています。
③ イーの後で「こういちが　ふあんそうな　顔で言いました」とあります。不安な表情の絵を選びましょう。
④ 木を揺らしてもびくともしなかったが、強い風が吹いたことでうんこが取れたと文章の後半で書かれています。

⑧ 文しょうの　読みとり②　10ページ

1 ① 耳
② おそわれない
③ 体おん・ちょうせつする
④ い

1 ① 最初の段落から「アフリカウンコゾウ」の特徴を読み取りましょう。
③「体温を調節する」ことの意味があまり理解できていないようでしたら、暑さや寒さを整えて暮らしやすい体温にするということだと伝えてください。
④ 最後の段落をよく読んで、耳の色が変化する順番を正確に読み取りましょう。

⑨ かん字の　画と　書きじゅん　11ページ

1 ① 四　② 五　③ 七　④ 十

2 ① 親　② 線

3 ① 　② 　③ 　④

4 ① あ　② い　③ い　④ あ

1「白」の３画目の折れ曲がるところを２画分で数えないようにしましょう。

2 ①「親」は16画、②「線」は15画の漢字です。

3 ②「水」は中央の跳ね棒から書き始めます。
④「書」は縦ではなく、横画から書き始めます。

4 間違えた場合は、それぞれの漢字を正しい書き順通りに何度も書いて身につけていきましょう。

⑩ 丸（。）・点（、）・かぎ（「」）　12ページ

1 ① 雲　一つ　ない　空の
下で、足の　はやい
うんこに　おいかけられる
ゆめを　見た。
② 川から　ながれて　きた
うんこを　わると、
中から　小さい　うんこが
出て　きた。

2 　ベランダの　うんこに、
「おはよう。」
と　言った。

3 ① ぼくは、お父さんと
うんこに　わたす
プレゼントを　買った。
② ぼくは　お父さんと、
うんこに　わたす
プレゼントを　買った。

1 丸（。）は文の終わりに書きます。

2 終わりのかぎ（」）の前には丸（。）をつけます。

3 ① ぼく一人がお父さんとうんこへのプレゼントを買うという意味になるので、「ぼくは」の後に「、」をつけます。②ぼくとお父さんの二人でうんこへのプレゼントを買うという意味になるので、「お父さんと」の後に「、」をつけます。

⑪ かん字の　読み書き③　13ページ

1 ① いま　② みなみ　③ かく
④ しゅう　⑤ ひがし・にし　⑥ じ・ぷん

2 ① 理　② 午　③ 毎　④ 曜　⑤ 北　⑥ 間

1 ⑥「三十分」では「分」を「ふん」ではなく「ぷん」と読むことに気をつけましょう。

2 ④「曜」は画数の多い漢字です。一画一画丁寧に書くようにしましょう。

⑫ かん字の　読み書き④　14ページ

1 ①たの　②が　③し　④てん　⑤づく・まる
⑥いろ・かたち

2 ①図　②工　③公　④黄　⑤社　⑥活

1 ⑤「手作り（てづくり）」を、「てずくり」と書かないようにしましょう。

2 ④「おうごん」は難しい言葉ですが、「黄色」の「黄」と「金」で書くことを覚えるようにしましょう。

⑬ なかまの　かん字　15ページ

1 ①青　②左

2（それぞれ順不同）
①兄・母　②首・頭　③朝・夜

3 ①国語　②算数　③体　④生活　⑤音楽

1 ①「青」以外の漢字は季節を表す漢字の仲間です。
②「左」以外の漢字は方角を表す漢字の仲間です。

3 どれもお子さまが普段目にする教科の漢字です。自分の時間割表などを見ながら、教科の漢字を書けるように練習しましょう。

⑭ カタカナで　書く　ことば　16ページ

1（それぞれ順不同）
①ア・オ　②ウ・キ　③イ・ク　④エ・カ

2 ①トラック　②コケコッコー（コケコッコウ）
③トントン　④エジソン

1 カタカナで書く言葉のルールを覚えるようにしましょう。②「ドイツ」は外国の国名、「ハワイ」は外国の地名であることを確認しましょう。

⑮ 文しょうの　読みとり③　17ページ

1 ①あせって
②はやと
③れんしゅうした
④足もと（コート）・（れい）できた

1 ① 最初の文の後のたけしの様子に着目します。「たけしは　あせって　いました」などから読み取りましょう。
② アーの後に、「はやとが　声を　かけます」とあります。
④ 文章の最後で、相手のコートへうんこを打ち込むと、相手は一歩も動けなかったと書かれています。「ゆうしょうまで　あと　一点」とあるので、相手は飛んできたうんこを返すことができずにたけしたちのチームに一点が入り、試合に勝つことができたと理解できます。

⑯ 文しょうの　読みとり④　18ページ

1 ①ウ
②い
③ありえない・体けん
④い

1 ① 問いの文は「なぜ〜でしょうか。」などの形式で書かれていることを理解してから選ぶようにしましょう。
② 問題の文をよく読み、おじいちゃんが話したそれぞれの話ではなく、どういう話が多いのかを聞かれていることを把握して答えましょう。
④ 最後の段落をよく読んで、明日のおじいちゃんの話を読み取りましょう。

⑰ 主語と　じゅつ語　19ページ

1 ①ペリカンが　②先生が　③にじが

2 ①つきさした　②かかった　③話しかける

3 ①う　②あ　③い

4（れい）犬・ほえる

1 主語は「〜が」「〜は」に当たる言葉です。

2 述語は「どうする」「何だ」などを表す言葉なので、文の中の動作を表す言葉を選びましょう。

3 ③「きれいだ」というありさまを表しているので、「どんなだ」の形になります。

4「大きな犬」「ないた」「ほえた」など、絵に合う言葉が書けていれば正解です。

⑱ にた　いみや　はんたいの　いみの　ことば　20ページ

1 ①う　②あ　③い

2 ①わらう　②楽しい

3 ①下　②左　③前

4 ①さむい　②うすい

1 似た意味の言葉なので、―の言葉と入れ替えても文の意味が変わらないかどうかで考えましょう。

3 反対の意味の言葉を選ぶだけでなく、漢字で書き表すことにも注意しましょう。

4 ①も②も「あつい」ですが、文をよく読んで、どういう意味での「あつい」かを確認して、反対の意味の言葉を選ぶようにしましょう。

⑲ かん字の　読み書き⑤　21ページ

1 ① もん　② や　③ ばん
　④ かたな　⑤ ふね・き　⑥ てら・こう

2 ① 電　② 弓　③ 里　④ 家・台

3 ① 歌う　② 話す

1 ②「矢」を、一緒に使われる「弓」と混同しないように、それぞれの漢字が表す物もしっかりと確認しましょう。

2 ①「電」は似た形の「雲」「雪」などと書かないようにしましょう。

3 漢字だけでなく、送り仮名も書きます。どこまでが漢字でどこからがひらがなで書くのかをしっかりと確認しておきましょう。

⑳ かん字の　読み書き⑥　22ページ

1 ① とお　② こた　③ き
　④ き　⑤ ひ・と　⑥ こめ・おし

2 ① 麦　② 読　③ 食　④ 言・回

3 ① 走る　② 歩い

1 ①「通す（とおーす）」は、「とうーす」と書かないように気をつけましょう。

2 ①「麦」の５画目は上の横棒につけるように書きましょう。

3 ①「走る」を「走しる」と書かないように気をつけましょう。

㉑ ようすを　あらわす　ことば　23ページ

1 ① ぴょんと　② たっぷり　③ たいようのように

2 ① すたすた　② にこにこ

3 ① すやすや　② はらはら　③ つるつる

4 （れい）ザーザー

1 様子を表す言葉は、何かを詳しくしている言葉に当たります。③「〜のように」は、何か別の物にたとえて詳しくしている表現であることを確認しましょう。

2 様子を表す言葉どうしで、同じ意味を表すように選びましょう。

3 ①ねむっている様子を表す言葉なので、「すやすや」が入ります。

4 例の他にも「はげしく」「たくさん」など絵の様子に合う言葉が書けていれば正解です。

㉒ いろいろな　読み方の　かん字　24ページ

1 ① うみ　② かい　③ ば
　④ じょう　⑤ すこ　⑥ すく

2 ① うし　② ご　③ あと
　④ あか　⑤ めい　⑥ あき　⑦ あ

1 ①と②、③と④、⑤と⑥は同じ漢字の別の読み方です。文の意味や言葉に応じて、読み方を使い分けられるようにしましょう。

2 「後」「明」はたくさんの読み方がある漢字です。それぞれ覚えて、日常で使い分けられるようにしましょう。

㉓ 文しょうの　読みとり⑤　25ページ

1 ① マジシャン・マジック
　②（れい）うんこ
　③ あ
　④（れい）うんこがきえて、ハトにかわったから。

1 ① 文章の前半を読んで、どのような場面なのかをつかめるようにしましょう。
　②「一つのうんこ」「うんこが一つ」などでも正解です。
　③ —の後で「思わず　いすから　立ち上がって、大声で　さけんで　しまいました」とあります。ここから、「ぼく」が驚いている様子が読み取れます。
　④ 文章の中で書かれているマジックの内容をまとめましょう。

㉔ 文しょうの　読みとり⑥　26ページ

1 ① うんこスタンプラリー
　② あ2　い1　う3
　③ しま・サル
　④ 黄金のうんこ

1 ②「はじめに」「つぎに」「さい後に」の言葉に注目して、スタンプをもらう順番をしっかりと確認しましょう。
　③ 海の上にある島でスタンプをもらうときの注意点です。「つぎに」から始まる段落をよく読んで答えましょう。
　④ 最後の段落を読んで、スタンプを３つ集めるともらえる物を確認しましょう。

㉕ かん字の　読み書き⑦　27ページ

1 ① おも　② かんが　③ たか
④ ひろ　⑤ ふと・なが　⑥ うち・そと

2 ① 鳴　② 当　③ 計・合

3 ① 帰り　② 細い

1 ⑤ かっこの中に「ふとい」「ながい」と送り仮名まで書いてしまわないように気をつけましょう。

2 ③「合」は、同じ「あ（う）」と読む「会」を書かないようにしましょう。

㉖ かん字の　読み書き⑧　28ページ

1 ① か　② まん　③ う　④ さい
⑤ い（ゆ）・き　⑥ よわ・ひかり

2 ① 何　② 室　③ 新・古

3 ① 強く　② 新しい

1 ⑤「行き来」は「行ったり来たりすること」という意味であることも確認しましょう。

2 ③「新」は「親」と読みが同じで一部が同じ形のため、間違えないように使い分けましょう。

3 ②「新しい」は「新らしい」「新い」などと、送り仮名を間違えないように注意しましょう。

㉗ 同じ　ぶぶんを　もつ　かん字　29ページ

1 ① 氵　② 攵　③ 艹　④ 亻

2 ① 言　② 土　③ 頁　④ 宀

3 ① 紙　② 絵　③ 魚　④ 黒　⑤ 近　⑥ 道

1 それぞれの漢字の同じ部分に目を向けて答えを書きましょう。３年生以降の部首の学習へとつながっていきます。

3 ①と②、③と④、⑤と⑥はそれぞれ同じ部分がある漢字です。形の違いをよく見て、使い分けられるようにしましょう。

㉘ かん字の　組み立て、まちがえやすい　かん字　30ページ

1 ① 岩　② 鳴　③ 親

2 ① 心　② 日　③ 月

3 ① 自　② 刀　③ 内　④ 聞

1「れい」を参考にして、組み合わせるとできる漢字を考えましょう。

2「おも（う）」など読み方から漢字を考えて、足りない部分の漢字を当てはめましょう。

㉙ 国語　そうしあげ①　31ページ

1 ① 車が　うんこを　ふみつぶした。
② きのう、もぐらが　うんこの　へやを　つくった。
③ うんこを　見る　ために、
外国人が　日本に　来た。
④ 兄が　大きな　うんこを　もち上げた。

2 ① ろぼっと（ロボット）を　水と　うんこに
近づけないで　ください。
② ふらんす（フランス）人は、うつくしい
うんこを　するらしい。

3 ① 秋　② 海　③ 雲　④ 多　⑤ 船　⑥ 遠

言葉や漢字の総仕上げ問題です。

1 問題をよく読み、引く線の種類を間違えないようにしましょう。

2 ①「ロボット」は外国から来た物の言葉、②「フランス」は外国の国の名前なので、それぞれカタカナで書きます。

3 長文の中に入る漢字を考える問題です。お話を読んで、文に合う漢字を書きましょう。

㉚ 国語　そうしあげ②　32ページ

1 ① お母さん・たくさんうんこをつってくる
② つれない
③ 新しいうんこルアー（うんこルアー）
④ おみやげができる

文章を読み取る総仕上げ問題です。

1 ① お母さんとの会話の文から、どんな約束をしたのかを読み取りましょう。
② —の直前に注目します。「うんこが　つれないので」けんすけは悲しい気持ちになったのだと書かれています。
④ うんこが釣れた後のけんすけの言葉に注目します。けんすけは、「お母さんに　おみやげが　できるね。」と話して笑っています。

算数

① ひょうと　グラフ　33 ページ

1 ①

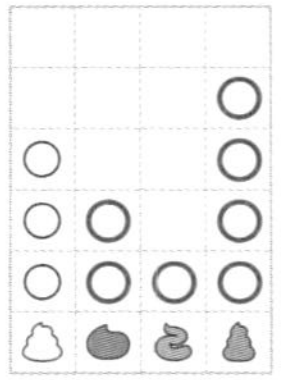

②

うんこ	㋐	㋑	㋒	㋓
数	3	2	1	4

③ ㋓

2 ①

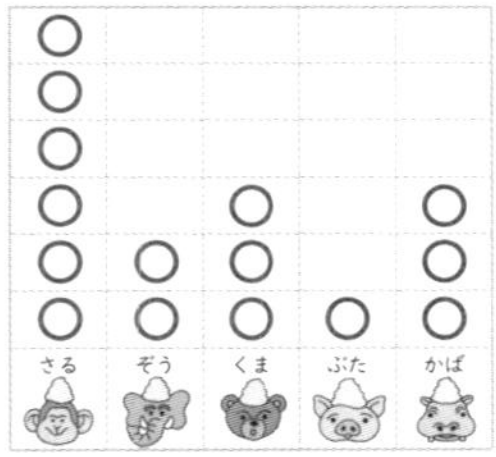

② かば　③ 4

1 グラフに表す際は、数え落としや重複がないように印などをつけて数え、○を下から積み上げるように書きましょう。グラフに表すことで、数が数えやすくなることも確認しましょう。

2 グラフに表すことで、それぞれの数を比較しやすくなります。

② 時こくと　時間　34 ページ

1 ① 午前７時25分　② 午後５時40分
③ 午後８時１分

2 ① １分　② 12時間　③ 24

3 ① 30　② 6　③ 午前７時50分

4 ５時間

1 時刻を答える問題です。絵を見て、午前と午後の区別をつけられるようになりましょう。

2 時間の単位を換算する問題です。「60分＝1時間」や「午前と午後は、それぞれ12時間ある」、「1日は24時間」であることを確認しましょう。

3 ①②は、時間の経過を読み取ります。③は時刻を答える問題です。わからない場合は、時計をかいて考えてもよいでしょう。

③ たし算の　ひっ算①　35 ページ

1 ① 49　② 68　③ 83　④ 75　⑤ 79　⑥ 98

2 ①

	2	2
＋	6	3
	8	5

②

	3	6
＋	2	1
	5	7

③

	6	0
＋		7
	6	7

④

		9
＋	9	0
	9	9

3 しき　13＋82＝95
答え　95人

	1	3
＋	8	2
	9	5

4 ① ○　② 39

1 たし算の筆算の問題です。一の位から順に同じ位どうしを計算していくことを確認しましょう。

2 筆算では位をそろえて書くことをしっかり確認しましょう。位をそろえることで、位ごとの計算がしやすくなります。③④は１けたの数を書く場所に、特に注意が必要です。

4 正しい筆算の仕方になっているか確認する問題です。②は、５を書く場所がおかしいことに気づけると、これまでの内容が身についていると言えます。

④ たし算の　ひっ算②　36 ページ

1 ① 41　② 51　③ 70　④ 80　⑤ 74　⑥ 88

2 ①

	2	8
＋	3	5
	6	3

②

	4	6
＋	2	6
	7	2

③

	5	4
＋		7
	6	1

④

		9
＋	8	8
	9	7

3 しき　25＋67＝92
答え　92こ

	2	5
＋	6	7
	9	2

4 ① 93　② ○

1 くり上がりのあるたし算です。十の位にくり上げた「1」をたすことを忘れないよう、十の位の近くにメモをして、計算するとよいでしょう。

2 ④は特に書き間違いの起きやすい、１けた＋２けたの筆算です。一の位の数の場所を確認しましょう。

4 ①は、一の位から十の位にくり上がった「1」を忘れて十の位の計算をしています。正しく計算し直して、くり上がりの１を意識づけしましょう。

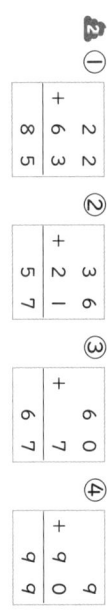

⑤ ひき算の　ひっ算①

37ページ

1 ① 32　② 14　③ 10　④ 40　⑤ 81　⑥ 50

2 ① $\begin{array}{r} 23 \\ -12 \\ \hline 11 \end{array}$　② $\begin{array}{r} 44 \\ -31 \\ \hline 13 \end{array}$　③ $\begin{array}{r} 64 \\ -24 \\ \hline 40 \end{array}$　④ $\begin{array}{r} 98 \\ -7 \\ \hline 91 \end{array}$

3 しき　77 − 47 = 30　$\begin{array}{r} 77 \\ -47 \\ \hline 30 \end{array}$

答え　30年間

4 ① 33　② 80

1 2けた−2けた、2けた−1けたのひき算の筆算です。たし算と同様に、同じ位どうしを計算していくことを確認しましょう。

2 ひき算の筆算でも位をそろえて書くことをしっかり確認しましょう。④は1けたの数を書く場所に、特に注意が必要です。

4 ①はたし算になっています。②はひく数の5を書く場所がおかしいことに気づけると、筆算の仕方を理解していると言えます。

⑥ ひき算の　ひっ算②

38ページ

1 ① 36　② 29　③ 7　④ 3　⑤ 58　⑥ 61

2 ① $\begin{array}{r} 34 \\ -15 \\ \hline 19 \end{array}$　② $\begin{array}{r} 73 \\ -55 \\ \hline 18 \end{array}$　③ $\begin{array}{r} 54 \\ -7 \\ \hline 47 \end{array}$　④ $\begin{array}{r} 92 \\ -6 \\ \hline 86 \end{array}$

3 しき　61 − 35 = 26　$\begin{array}{r} 61 \\ -35 \\ \hline 26 \end{array}$

答え　26こ

4 ① 17　② ○

1 くり下がりのあるひき算です。ひかれる数の一の位の数がひく数の一の位の数より小さくて計算できないときは、十の位から「1」をくり下げて計算をしましょう。ここでくり下げた「1」は10であることを確認しましょう。

2 これまでと同様に、位をそろえることに注意しましょう。くり下がりの「1」とくり下げた後の数も近くにメモしておくとよいでしょう。

4 ①は、ひかれる数の十の位から「1」くり下げて一の位を計算しているので、十の位の計算は「3−2」としないといけませんが、「4−2」で計算しているところがまちがいです。

⑦ 長さ

39ページ

1 ① 6、2　② 3cm7mm

2 ① 90　② 3　③ 47　④ 7、6　⑤ mm

3 ① ───────────（5cm）

② ────────（34mm）

4 ① 8cm9mm　② 8cm1mm

5 しき　11cm7mm＋5cm＝16cm7mm

答え　16cm7mm

1 ものさしの5cmの印を目安にすると長さが測りやすいことを確認しましょう。

2 ①〜④は単位を換算する問題です。「1cm＝10mm」が理解できているか確認しましょう。⑤は身近な物の長さを感覚でつかみ、適切な単位を答えられるようにしましょう。

4 5 長さの計算です。同じ単位どうしで計算することで、長さの計算ができることを確認しましょう。

⑧ 1000までの　数①

40ページ

1 ① 423　② 251

2 ① 390　② 608　③ 573　④ 740　⑤ 9、2

3 ア 700　イ 840　ウ 1000

エ 865　オ 880　カ 895

4 ① 60　② 1000　③ 96

5 ① >　② <

1 100が4個、10が2個、1が3個というように、位の数のまとまりがいくつずつあるかを考えましょう。

3 ア イ ウ は1目盛りが10ごとに、エ オ カ は1目盛りが1ごとになっていることを確認しましょう。

5 2つの数を、大きい位から順に位ごとの数字を比べ、どちらの数が大きいかを考えるようにしましょう。

⑨ 1000までの　数②

41ページ

1 ① 130　② 110　③ 160　④ 90　⑤ 80　⑥ 50

2 しき　50＋90＝140　答え　140回

3 しき　130−60＝70　答え　70まい

4 ① 370　② 700　③ 709　④ 600

⑤ 600　⑥ 800

5 しき　500＋500＝1000　答え　1000人

6 しき　1000−600＝400　答え　400円

4 大きな数の計算でも慌てないことが大事です。②は100のまとまりが5個と2個をたして、100のまとまりが7個になるというように考えると計算しやすいでしょう。

⑩ かさ
42 ページ

1 ① 2L1dL　② 1L4dL

2 ① 10　② 32　③ 5、7

④ 1000　⑤ 100　⑥ 4

3 ① <　② >　③ <

4 ① 7L7dL　② 2L1dL

5 しき　4L3dL＋3L＝7L3dL

答え　7L3dL

1 水のかさを求める問題です。1Lカップの数と1dLカップの数をよく見て確認しましょう。

2 単位を換算する問題です。「1L＝10dL」「1L＝1000mL」「1dL＝100mL」になることを確認しましょう。

4 5 かさの計算です。同じ単位どうしで計算することで、かさの計算ができることを確認しましょう。

⑪ 計算の　くふう
43 ページ

1 ① (15＋5)＋8＝20＋8＝28

② 11＋(7＋23)＝11＋30＝41

③ (27＋13)＋15＝40＋15＝55

④ 4＋(31＋19)＝4＋50＝54

⑤ (14＋16)＋20＝30＋20＝50

2 ① 8＋12＋3＝20＋3＝23

② 9＋16＋4＝9＋20＝29

③ 29＋11＋17＝40＋17＝57

④ 25＋41＋9＝25＋50＝75

⑤ 33＋27＋11＝60＋11＝71

3 しき　7＋14＋6＝7＋20＝27　答え　27こ

4 しき　21＋9＋3＝30＋3＝33　答え　33人

1 式の中に(　)がある場合は、その中を先に計算するというきまりがあります。

2 (　)はありませんが、先に計算することで何十になる組み合わせを考えましょう。

3 4 文章題も、1つの式に表してから、計算の工夫をしながら計算すると、答えを求めやすいでしょう。

⑫ たし算の　ひっ算③
44 ページ

1 ① 147　② 118　③ 121　④ 122

⑤ 105　⑥ 108

2 ①

	7	5
+	3	9
1	1	4

②

	3	2
+	8	8
1	2	0

③

	4	4
+	5	6
1	0	0

④

		5
+	9	8
1	0	3

3 ① 9　② 12、2、1　③ 129

4 しき　86＋55＝141

答え　141点

	8	6
+	5	5
1	4	1

1 ①②は十の位の計算をすることで百の位にくり上がる問題です。③④は一の位と十の位の計算で、2回くり上がる問題です。⑤⑥は一の位の計算で十の位に1くり上がることで、十の位も百の位にくり上がる問題です。答えの十の位に0を書くことを忘れないようにしましょう。

3 くり上がりのある筆算を説明する問題です。落ち着いてあてはまる数を考えましょう。

⑬ ひき算の　ひっ算③
45 ページ

1 ① 83　② 71　③ 88　④ 76　⑤ 55　⑥ 94

2 ①

1	6	7
−	8	3
	8	4

②

1	4	3
−	6	4
	7	9

③

1	2	0
−	3	5
	8	5

④

1	0	1
−		9
	9	2

3 ① 5　② 1　③ 18、9　④ 95

4 しき　123−35＝88

答え　88回

1	2	3
−	3	5
	8	8

1 ①②は十の位の計算をする際に百の位からくり下げる問題です。③④は一の位と十の位の計算でくり下がりのある問題です。⑤⑥は十の位が0でくり下がりができません。その次の百の位から十の位に1くり下げ、十の位から一の位にさらに1をくり下げましょう。

⑭ たし算と　ひき算
46 ページ

1 ① 370　② 540　③ 762　④ 629

⑤ 400　⑥ 858

2 ①

4	6	3
+	1	7
4	8	0

②

		6
+ 6	6	6
6	7	2

③

5	9	3
−	8	4
5	0	9

④

7	2	2
−		8
7	1	4

3 しき　448＋42＝490

答え　490人

4	4	8
+	4	2
4	9	0

4 しき　272−47＝225

答え　225はつ

2	7	2
−	4	7
2	2	5

1 0やけたの違いに気をつけて、くり上がりのあるたし算や、くり下がりのあるひき算をしましょう。⑤は答えがちょうどきりのよい数になる計算です。

⑮ 三角形と　四角形　　47ページ

1 ① 三角形　② 4

2 ㋐ へん　㋑ ちょう点

3 ① 3、3　② 4、4

4 ① ㋕、㋖　② ㋐、㋓、㋔　③ ㋑、㋒
（それぞれ順不同）

5 ①（れい）　②（れい）　③（れい）

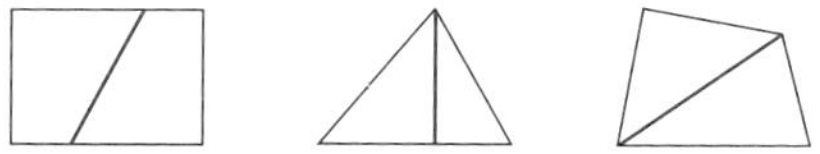

1 3本の直線で囲まれた形を三角形といい、4本の直線で囲まれた形を四角形といいます。

4 選んだ図形を確認して、三角形と四角形の定義を理解しているか確認しましょう。

5 正解は1つではありません。①は向かい合う辺どうしをつなぐように直線を引けていれば成り立ち、②はどれか1つの頂点から辺へ直線を引けていれば成り立ち、③はどれか2つの向かい合う頂点を結ぶように直線を引けていれば成り立ちます。

⑯ 長方形と　正方形　　48ページ

1 ㋒、㋔

2 ① 正方形　② 長方形　③ 直角三角形

3 ① ㋑、㋖　② ㋒、㋓

4 ①②③（れい）

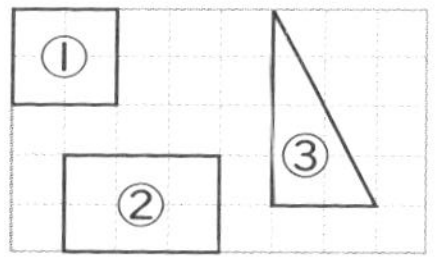

2 長方形、正方形、直角三角形の辺や角の特徴を捉えられるようにしましょう。

4 辺の長さや直角の位置があっていれば、例のようにかいていなくても正解です。

⑰ かけ算①　　49ページ

1 ① 5こ　② 2はこ　③ 5、2、10

2 ① 2、4、8　② 3、3、9

3 ① 3　② 6　③ 16　④ 16　⑤ 28　⑥ 45

4 しき　5 × 6 = 30　答え　30点

5 しき　3 × 4 = 12　答え　12こ

1 かけ算は、（1つ分の大きさ）×（いくつ分）＝（全部の大きさ）と表します。この問題にあてはめると、（5こ）×（2はこ分）＝（10こ）となります。

⑱ かけ算②　　50ページ

1

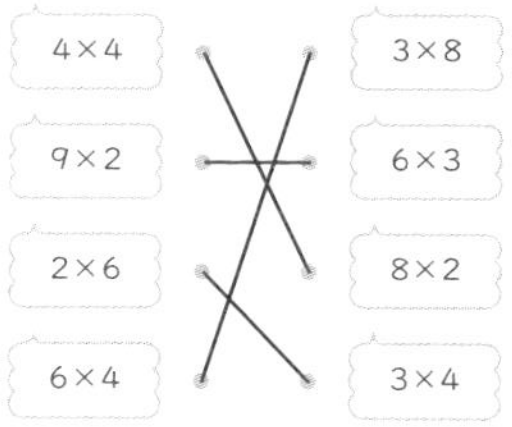

2 ① 6、5、30　② 8、6、48

3 ① 9　② 18　③ 35　④ 7　⑤ 32　⑥ 42

4 しき　9 × 7 = 63　答え　63人

5 しき　8 × 7 = 56　答え　56こ

1 答えが同じになる九九を見つける問題です。九九を唱えたり、九九の表などを見たりして同じ数を探してみましょう。

3 7の段は、答えを間違えやすい九九です。自信を持って答えを言えるようになるまで、何度も練習するように促してもよいでしょう。

⑲ かけ算③　　51ページ

1 ① しき　6 × 6 = 36　答え　36cm
② しき　9 × 4 = 36　答え　36cm

2 しき　7 × 5 = 35　答え　35こ

3 5、35

4 ① ㋐ 4、12　㋑ 2、6
② 6

1 ①は6cmが6つ分で36cm、②は9cmが4つ分で36cmです。①は6cmの6倍の長さであり、②は9cmの4倍の長さであるとも言えます。

4 ①はうんこ4個が3列分と、うんこ2個が3列分並んでいるのでそれぞれ式にしましょう。②は、①で求めたうんこの数をたすことで「18」という数が出ます。それに合う九九を考えましょう。①のうんこを別の組として考えずに、うんこ6個が3列分あると考えても求められます。

⑳ かけ算の　きまり①　　52ページ

1 ① ㋐ 16　㋑ 35　㋒ 27
② 5　③ 1

2 ① 2 × 7、7 × 2（順不同）
② 2 × 9、9 × 2、3 × 6、6 × 3（順不同）

3 ① 3　② 5　③ 4　④ 4　⑤ 8

1 ①は九九を思い出して、表の中で抜けている数を考えましょう。②は2の段と3の段の答えをたすと、5の段の答えになっています。③は8の段の答えから7の段の答えをひくことで、1の段と同じ答えになることを確認しましょう。

3 ①②かける数とかけられる数を入れ替えても同じ答えになります。

㉑ かけ算の　きまり②　53ページ

1 3、3
2 ① 5　② 4、4
3 ① ㋐ 4、6、24　㋑ 8、3、24
㋒ 6、4、24
② (れい) $4 \times 4 = 16$

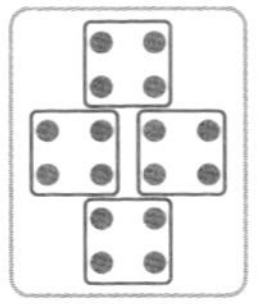

1 九九より答えが大きい、3×10の答えについて考えます。3×9の答えより「3」大きい数になります。
3 ②は答えが1つではありません。同じ数ずつ囲んでかけ算の式にしましょう。

㉒ 長い　長さ　54ページ

1 ① 100　② 3、300　③ 270、2、70
2 ① 500　② 4、37　③ 390　④ 707　⑤ m
3 ① ㋐ → ㋒ → ㋑
4 しき　10m50cm＋40cm＝10m90cm
答え　10m90cm
5 しき　13m70cm－2m＝11m70cm
答え　11m70cm

1 ①「1m＝100cm」です。②「3m＝300cm」です。③「300－30＝270」なので、「270cm＝2m70cm」です。
2 単位を換算する問題です。⑤は身の回りのものの長さを考えて単位を答える問題です。

㉓ 10000までの　数①　55ページ

1 3664
2 ① 4702　② 7030　③ 6500
④ 8200　⑤ 9、2
3 ㋐ 6700　㋑ 8000　㋒ 10000
㋓ 8700　㋔ 8850　㋕ 8950
4 ① 500　② 10000
5 ① <　② >　③ >

1「1000のまとまりが3個あるね。」と確認しましょう。
2 ②を「7300」などと書いている場合は、位の確認をしましょう。
3 ㋐㋑㋒は1目盛りが100ごとに、㋓㋔㋕は1目盛りが10ごとに刻まれています。

㉔ 10000までの　数②　56ページ

1 7、8、9（順不同）
2 ① 8640　② 4068
3 ① 10000　② 9000
4 ① 1200　② 1100　③ 700
5 しき　$600 + 800 = 1400$
答え　1400こ
6 しき　$1000 - 600 = 400$
答え　400体

2 4枚の数字カードを並べかえて、4けたの数を作る問題です。一番大きい数を作るときは、大きい数字から並べます。一番小さい数を作るときは、小さい数字から並べますが、0を始めに持ってくると、4けたの数にならないので注意しましょう。
4 大きい数の計算です。大きい数になっても100のまとまりで考えましょう。

㉕ はこの　形　57ページ

1 ① めん　② へん　③ ちょう点
2 正方形 ㋑、長方形 ㋐
3 ① 6　② 12　③ 8　④ 2　⑤ 4
4 ① 4　② 4　③ 8
5 ① ㋑　② ㋐

3 箱の形は、向かい合う辺の長さが同じ12本の辺と、6つの面、8つの頂点で作られています。辺の長さで面の形が変わります。
4 向かい合う辺の長さが同じことを確認しましょう。
5 箱の形を開いた図を見て、元の箱の形を考える問題です。面の形が長方形だけの図と、正方形だけの図であることから識別するように促しましょう。

㉖ 分数　58ページ

1 ① $\frac{1}{2}$　② $\frac{1}{4}$　③ $\frac{1}{3}$　④ $\frac{1}{4}$
2 ㋑
3 (れい)

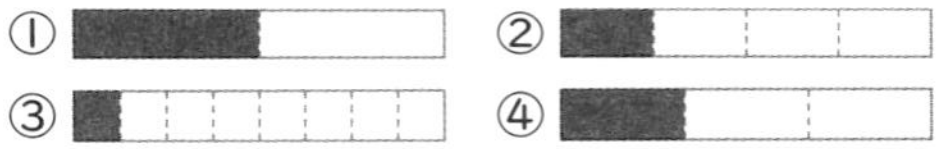

4 ① 6　② 4

1 正方形を同じ大きさで分けて、分数を表しています。
3 分数で表された分だけ色を塗る問題です。図がいくつ分に分かれているかを確認して、その1つ分だけ塗りましょう。1つのものを2つの同じ大きさに分けたものの1つ分が二分の一（にぶんのいち）です。

㉗ 図を　つかって　考えよう①　59ページ

1 しき　25＋45＝70　答え　70こ
2 しき　47－16＝31　答え　31ぴき
3 しき　23＋12＝35　答え　35本
4 しき　94－39＝55　答え　55人

1 部分の数が２つともわかっているので、全体の数を図を使って考える問題です。
2 元の数と増えた後の数を使って、増えた数を求める問題です。「何びきふえましたか。」という表現で、たし算だと間違えないよう気をつけましょう。
3 減った数と残りの数をたして、はじめにあった数を求めましょう。
4 全部の人数から人間の役の人数をひいて、うんこ役の人数を求めましょう。

㉘ 図を　つかって　考えよう②　60ページ

1 しき　56＋17＝73　答え　73人
2 しき　88－9＝79　答え　79人
3 ① 図イ、しきウ　② 図ア、しきエ

1 一方の人数と、もう一方の人数から何人少ないかという２つの数から、もう一方の人数を求める問題です。「少ない」という表現が出てきますが、たし算なので気をつけましょう。
2 一方の人数と、もう一方の人数より何人多いかという２つの数から、もう一方の数を求める問題です。「多い」という表現が出てきますが、ひき算なので気をつけましょう。
3 ①は、もえるうんこが35個ありますが、この数がもえないうんこより25個多いという問題文なので、35個より25個少なくなることを表したイの図の考え方になります。②は、カラフルなうんこが35個ありますが、白黒のうんこの方が25個多いという問題文なので、アの図の考え方になります。

㉙ 算数　そうしあげ①　61ページ

1 3
2 5
3 ① 87　② 91　③ 42　④ 43
4 ① 83　② 32　③ 100
5 ① 805　② 530　③ 1000
6 ①

	43
＋	86
	129

②

	98
＋	83
	181

③

	132
－	16
	116

④

	162
－	79
	83

1 グラフから人数の違いを求めましょう。
2 時間の経過を考える問題です。午前と午後という表現に気をつけましょう。
3 ②はくり上がりの１を忘れないようにしましょう。
4 「1 cm＝10mm」「1 L＝10dL」「1 dL＝100mL」であることを思い出しましょう。
5 ①の答えを850としていないか確認しましょう。
6 位をそろえることを忘れないように気をつけましょう。②はくり上がりが2回、④はくり下がりが2回あるので、気をつけて計算しましょう。

㉚ 算数　そうしあげ②　62ページ

1 ①

	552
＋	39
	591

②

	552
－	39
	513

2 直角三角形イ、長方形ア、正方形エ
3 ① 6　② 21　③ 32　④ 12　⑤ 63
4 ① 6040　② 8100　③ 9999
5 6、12、8

1 ①は552個から39個増える問題で、②は552個から39個減る問題です。筆算を間違えていないか確認しましょう。
2 長方形、正方形、直角三角形の定義の違いをしっかり確認しましょう。正方形は辺の長さがすべて同じで、直角三角形には直角が必ずあります。
4 ①は４の位置を間違えないように、③は９の数を間違えないように気をつけましょう。
5 箱には見えていない面や辺、頂点があります。つまずいているときは、図に点線をかきたして、見えない面や辺、頂点をわかるようにしましょう。

生活

① 町たんけんを　しよう！　63ページ

1 ①—イ　②—ア　③—ウ　④—オ　⑤—カ　⑥—エ

2 ①—ウ　②—ア　③—イ

3 ①○　②×　③×　④○

町探検で見つけたものを確認しましょう。この他にも見つけた場所があったら、話してみましょう。２年生では、学校外の施設などでインタビューを行うことがあるので、マナーなどで気をつけることを確認しましょう。

② 野さいを　そだてよう！　64ページ

1 ①エ→ア→ウ→イ　②カ、キ

2 ①アナス　イピーマン　ウオクラ　エキュウリ

3 ア１　イ４　ウ２　エ３

1 ミニトマトの成長の仕方や、ミニトマトの生育にとってよい環境について学びます。

2 3 さまざまな野菜について知っていることを確認しましょう。野菜の名前をもっと知りましょう。

③ 生きものと　いっしょ！　65ページ

1 ①アオタマジャクシ　ウあおむし

②ア—カエル　イ—セミ　ウ—アゲハ

2 ①イ　②ア

3 ①—カマキリ　②—ミノムシ　③—アゲハ

最初の図の中の生き物は、春夏秋冬の各季節に主によく見ることができる生き物です。それぞれの名前や、成長した姿・成長する前の姿について学びましょう。生き物の育て方についても、実際に育てながら学んでいってもよいでしょう。

④ もっと 町たんけんを しよう！　66ページ

1 ア、ウ

2 ア、イ

3 体、にんぷ

4 ①ア、ウ（順不同）

②イ、エ（順不同）

町にある施設や乗り物に乗る際のルールやマナーについて学びます。また、優先席マークなどの意味や意義についても学びましょう。普段何気なく目にしている町の様子から町の中の工夫について考えましょう。

⑤ 作る　楽しさ、あそぶ　楽しさ！　67ページ

1 ①エ　②ア　③ウ　④イ

2 あ②　い①　う④

3 オ

4 アとじて　イおかない　ウしめて　エむけない

身の回りの物を集めて、いろいろなおもちゃを作って遊んでみましょう。そのおもちゃがどんな力で動くのかについても考えましょう。また、実際に作る際に気をつけるルールについても学びましょう。

⑥ ２年生の　せい長ノート！　68ページ

1 ①（どれでも　○が　ついたら　せいかい）

②（どれでも　○が　ついたら　せいかい）

③ア（じゆうかいとう）　イ（じゆうかいとう）

2 （どれでも　○が　ついたら　せいかい）

3 （じゆうかいとう）

れい…友だちに、自分から話しかけることができるようになりました。

じゅぎょう中に、手をあげられるようになりました。など

4 （じゆうかいとう）

れい…［だれに］たつきくん

［つたえたいこと］ころんだときに、ほけん室につれていってくれてありがとう。

自分が誕生した日からこれまでの様子を、自分の身近な人や物から調べましょう。自分自身では覚えていないことを知ることができるでしょう。また、２年生になってからできるようになったことを思い出したり、感謝を伝えたい人や伝えたい言葉を考えたりしましょう。

できたね！ボード の答え　ブリッと かしこく なれて、元気に百点じゃ！

うんこ コミックス UNKO COMICS

おはよう！うんこ先生

原作：古屋雄作
漫画：水野輝昭

発売中!!

第1話をまるごと読めるのじゃ！

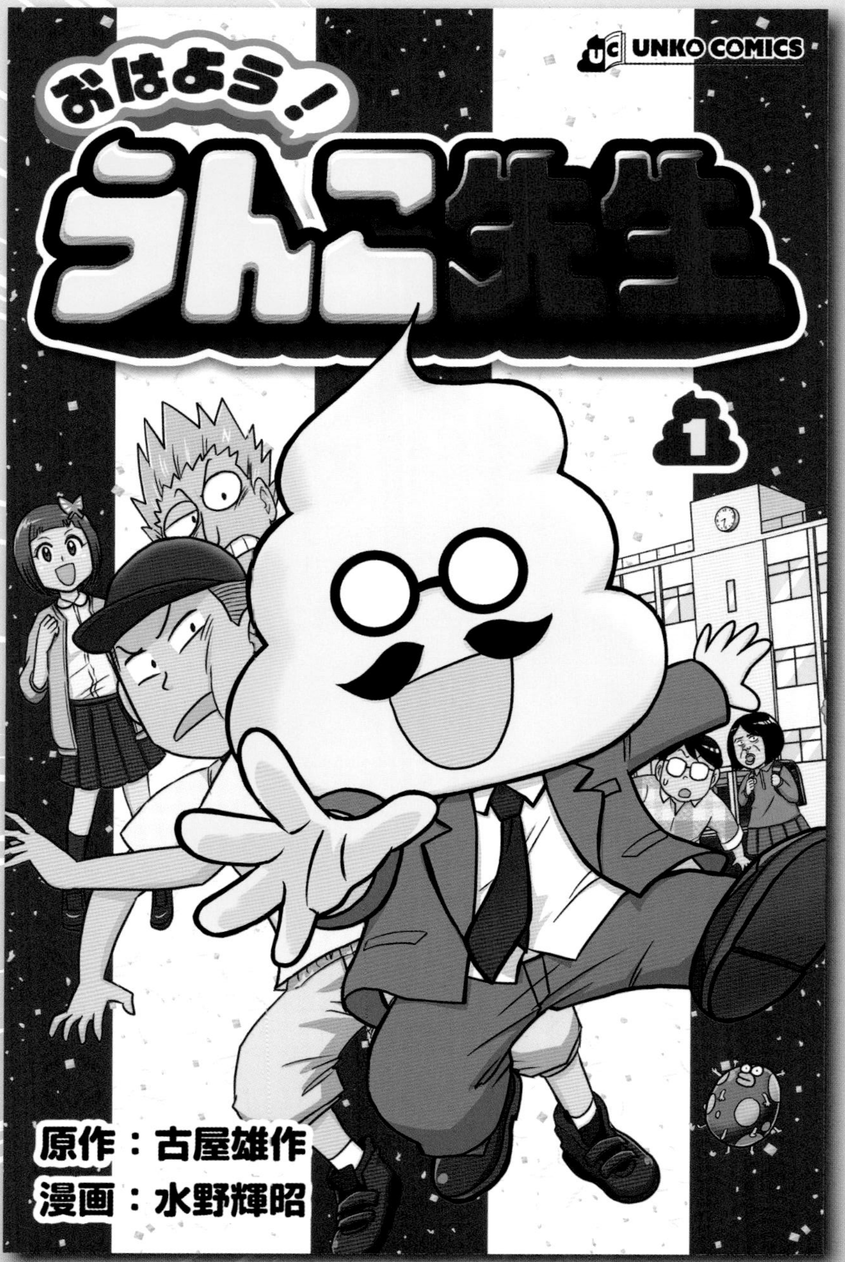

次のページから記念すべき第1話をお読みいただけます！

今日から うんこが担任に!?

どうなる 僕らの6年2組！

近くに本屋がなければコチラ！

価格（本体 505 円+税）
ISBN 978-4-86651-279-2

読む順番

矢印の順番に読んでください

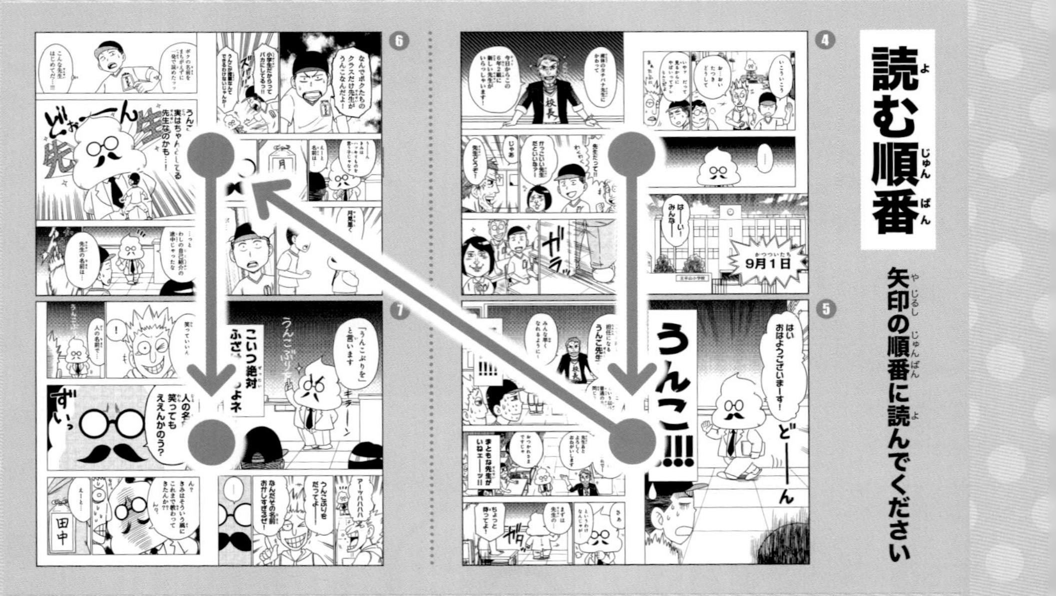

↓ではここから！『おはよう！うんこ先生』第１話 スタートです！

1

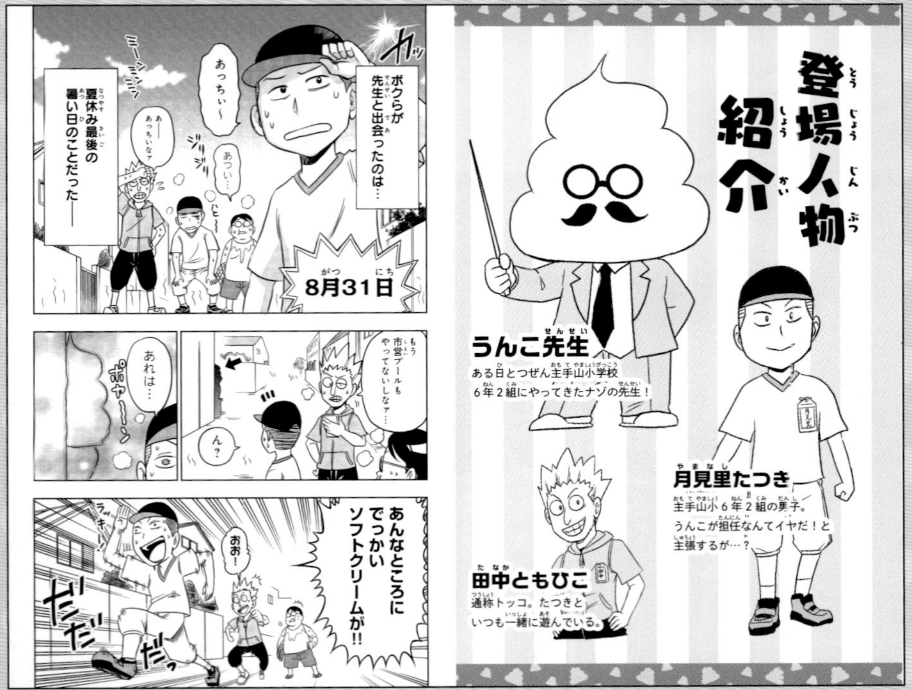

2

3

4
9月1日
主手山小学校
はーい!
みんなー
……
いこういこう
お…おい
たつき
どうして
いやァ だって
見るからに
やばいってアレ
うんこだよ
まぁたしかに
産休のタチバナ先生に
かわって
今日からこの
6年2組に
新しい先生が
いらっしゃいます!
イケメン
校長
おっ!
新しい
先生だって!!
わくわく
かっこいい先生
だといいなァー
じゃあ
先生どうぞ!
ガラッ

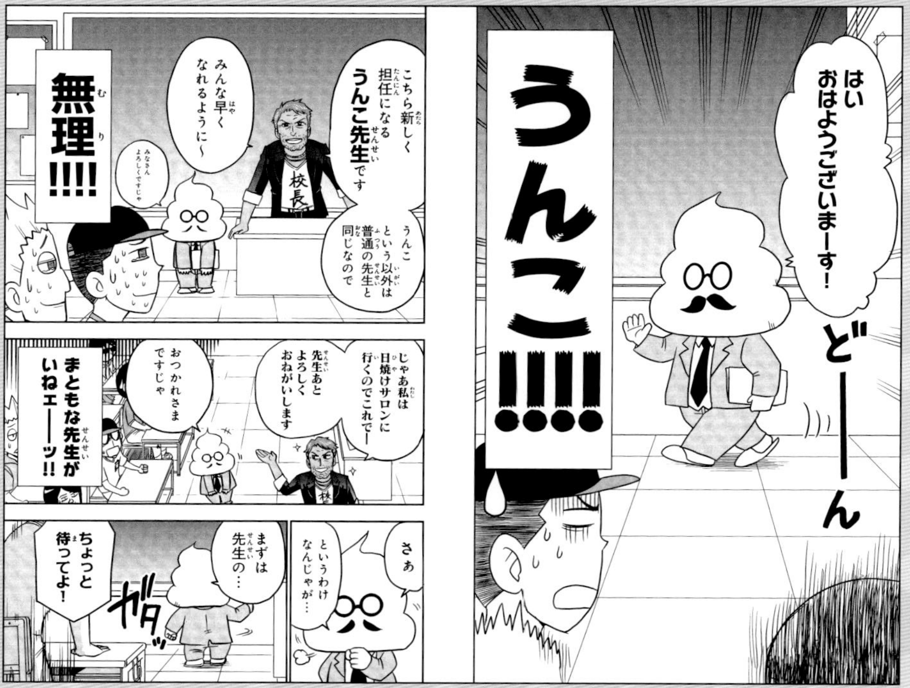
5
どーーーん
はい
おはようございまーす!
うんこ!!!!
こちら新しく
担任になる
うんこ先生です
うんこ
という以外は
普通の先生と
同じなので
みんな早く
なれるように〜
みなさん
よろしくですじゃ
校長
無理!!!!
じゃあ私は
日焼けサロンに
行くのでこれでー!
先生あと
よろしく
おねがいします
おつかれさま
ですじゃ
まともな先生が
いねエーーッ!!
さぁ
というわけ
なんじゃが…
まずは
先生の…
ちょっと
待ってよ!
ガタッ

6
なんでボクたちの
クラスだけ先生が
うんこなんだよ!
小学生だからって
バカにしてるっ!!
ズバババッ
うんこが授業なんて
できるわけないじゃんか!
う…
うーーん
きみは
ハッキリものを
言う子じゃなァ
えーと
名前は…
月見里
月見里くんか
…!
ボ…
ボクの名前を
まちがえずに
一発で読めたッッ
こんな先生
はじめてだ…!!!
どぉーーん
先
生
うんこだけど
実はちゃんとしてる
先生なのかも…!
…っと
わしの自己紹介の
途中じゃったな
先生の名前は…
カッ
カッ

7
「うんこぶりを」
と言います
キラーーン
うんこぶりを
こいつ絶対
ふざけてるよネ
アーッハハハハ
うんこぶりを
だってよーー!
なんだその名前
おかしすぎるぜ!
……
うんこぶりー
人の名前で…
!
笑っていいんかのう
ずいっ
人の名前で
笑っても
ええんかのう?
ん?
きみはそういう風に
これまで教わって
きたんか??
ん?
ちけェ
えーと…
田中

田中くん…
ブブッ
ふつう!!!
ぶばっ
たなかて!!
失礼な奴だな!!!
ところで
きみたちは…
コホン
昨日わしに
ウソをついたのう
?
あ
そんな学校
知らないなァ
えっ
そういえば…!!
わしが困っとったのに
学校の場所を
教えてくれんかった…
困っとる人には
親切にせんと
いかんじゃろ
だ…だって
怪しかったからだよ!!
あんなとこに
うんこなんか座ってたら
逃げるに決まってるじゃん!!!
!!
あ…あやしい…
わしが…

それで十分だ!!!!!
ガーーン
ただうんこって
だけじゃろ…???
さらっと
うそをつくな!!!
もう海外では
人とうんこは半々
くらいなんじゃが…
うーむ
どうも日本は
遅れとっていかん
ピキキッ
まぁええ!!
とにかくわしはうんこじゃが
ちゃんとした先生なのじゃ!!
わしが担任に
なったからには…
きみらを
ナンバーワンに
しちゃうのじゃぞい!!!!
くるっ
ナ…
ナンバー
ワン…!!!
本当に…??
もちじゃッ!!
わしには
見えるぞい!
きみらが
この町…いや!
この県…いや!
この日本で
ナンバーワンの…

おすもうさんに
なっとる姿が!!!!
なぜ!!!!!!?
ワー　ワー
もういいよ!
絶対ふざけてる
このバカうんこ!!
ちょちょちょ
ふつうの先生がいいよ!
校長先生に言いに行こう
待ってくれ
待ってくれ…!
ドドドドド
ゾロゾロ
わしを先生として
認めるかどうか…
これを
見てから判断して
ほしいのじゃ!
ぐ…
ふつうの
先生には…
絶対にこんなこと
できんぞい!!
ぐぐ…
おおお~~!!!

ぼわんっ
ひげ濃くなった
だけ~~~~ッ!!!?!
そしてキモイ!
しかもなんか
死にかけてる!!!!
ハァ ハァ ハァ
ウンコパワーUPをつかいすぎた…
バタリ
ちぇっ
なんだよ
変身でもするのかと
思ったじゃん
それなら
ちょっと面白かった
のに!!
オレもビーム光線とか
出るのかと思ったぜ
出るわけ
ないでしょ!
バカぽっかね
変身と
ビームくらい
なら…
……

ブワーー!!
うんこ
ビュッ
どかーあん
こんなんでええんなら…
ひゅん…

キラ キラ キラ キラ キラ キラ
バカ男子!!!
絶対おかしい!
こんなふざけてる先生ダメだよ!
……
何で先生がふざけてたら
いかんのじゃ?
ぷり
もうっ! 何してるのよ!!
ペシコン
ぺっ!
ペシコン
ふり
ふり
いかんいかん なんかペースにハメられてる!
……えッ!?
だ…だって先生だろ!? 先生はちゃんとしてて
ボクたちに勉強を教えるのが仕事だ!
ふーむそうか 先生ってちゃんとしとらんとダメかいな?
当たり前だろ!

「先生とはこうでないと」
「勉強はまじめにやらないと」
「男は強くないと」
「女はお料理ができないと」
誰がそんなの決めたんじゃ?
先生…!!
たしかにそうだ ボクたちはいつのまにか大切なことを忘れていたのかもしれない!
もともとそんなルールないのに…
勝手に息苦しくしとらんかい?!!
「みんながこう言うから」じゃなくて自分の頭で考えてみること
わしはそれが一番大事だと思うぞい!
なんか…うんこが先生でもいいような気がしてきたよ!
気軽に「うんこ先生」と呼んでくれい
うんこ先生〜!!
ありがとなのじゃ!
では…
コホン
さっそくじゃが授業を始めてもええかの
うん!!
ほんじゃ最初の授業は…

すもうじゃ!!
なんでなの!!!!!
がっぷり
すもうをとりながらボクは思った…
スッ
次はわしが相手じゃ
この先生うんこだけど…
いちについて
いやそれ別の競技!
どーーん
けっこう面白いかも!
〈おはよう!うんこ先生・第1話/おわり〉

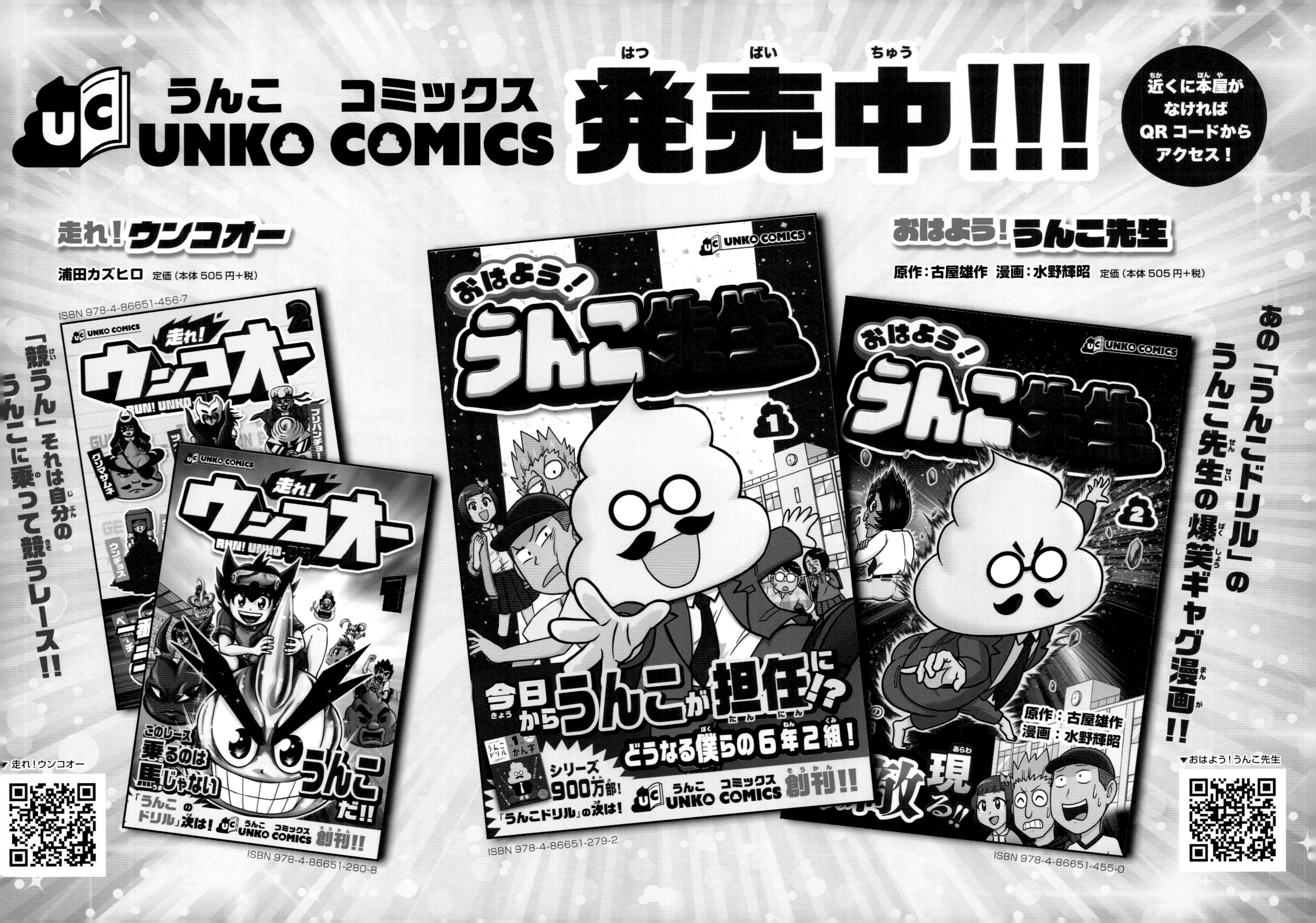

うんこ コミックス UNKO COMICS 発売中!!!
近くに本屋がなければQRコードからアクセス！
走れ！ウンコオー
浦田カズヒロ 定価（本体505円+税）
ISBN 978-4-86651-456-7
「競うん」それは自分のうんこに乗って競うレース!!
走れ！ウンコオー 1
このレース乗るのは馬じゃない うんこだ!!
「うんこドリル」の次は！ うんこ コミックス UNKO COMICS 創刊!!
ISBN 978-4-86651-280-8
▼走れ！ウンコオー
おはよう！うんこ先生
原作：古屋雄作 漫画：水野輝昭 定価（本体505円+税）
おはよう！うんこ先生 1
今日からうんこが担任に!?
どうなる僕らの6年2組！
シリーズ900万部！
「うんこドリル」の次は！
うんこ コミックス UNKO COMICS 創刊!!
ISBN 978-4-86651-279-2
おはよう！うんこ先生 2
原作：古屋雄作
漫画：水野輝昭
現る!!
ISBN 978-4-86651-455-0
あの「うんこドリル」のうんこ先生の爆笑ギャグ漫画が!!
▼おはよう！うんこ先生

うんこドリルセット購入者限定！学習に役立つ特別ふろく付き

↓ご購入は各QRコードから↓

小学1年生

漢字セット
漢字セット 2冊

かん字／かん字もんだいしゅう編

算数セット
算数セット 3冊

たしざん／ひきざん
文しょうだい

オールインワンセット（全部入り！）
オールインワンセット 7冊

かん字／かん字もんだいしゅう編
たしざん／ひきざん／文しょうだい
アルファベット・ローマ字／英単語

小学2年生

漢字セット
漢字セット 2冊

かん字／かん字もんだいしゅう編

算数セット
算数セット 4冊

たし算／ひき算／かけ算
文しょうだい

オールインワンセット
オールインワンセット 8冊

かん字／かん字もんだいしゅう編
たし算／ひき算／かけ算／文しょうだい
アルファベット・ローマ字／英単語

小学3年生

漢字セット
漢字セット 2冊

漢字／漢字問題集編

算数セット
算数セット 4冊

たし算・ひき算／かけ算
わり算／文章題

オールインワンセット
オールインワンセット 8冊

漢字／漢字問題集編／たし算・ひき算
かけ算／わり算／文章題
アルファベット・ローマ字／英単語

※セットによって特別ふろくの内容は異なります。

子どもたちの学びのプラットフォーム

パソコンやタブレットで遊ぶのじゃ！

うんこワールドをのぞいてみよう！

登録不要・無料

world.unkogakuen.com

うんこワールド

1 学校じゃ教えてくれない“生きていく上で大切な知識”をゲームで学ぼう！キミはいくつクリアできる？

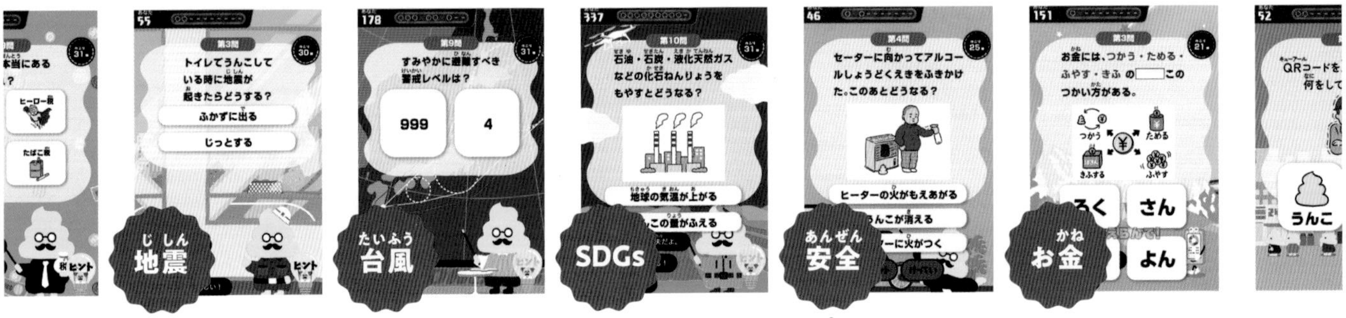

ゲームをクリアしてうんこをコレクションしよう！

2 「うんこ例文タイピング」でタイピング練習・英単語学習もできる！

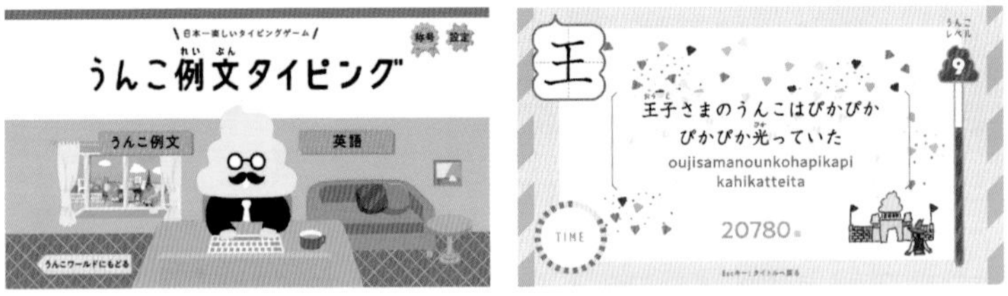

3 反復学習の全く新しいカタチ！小学3～6年生向け学習教材「うんこゼミ」が体験できる！

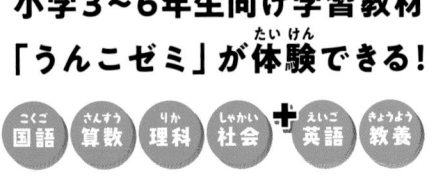

国語　算数　理科　社会　＋　英語　教養

くわしい内容や費用はこちら